생사학총서 8

죽음과 사별의 사회학

사회이론을 통한 접근

死と死別の社会学
社会理論からの接近

사와이 아츠시(澤井敦) 지음

양정연 옮김

박문사

이 저서는 2012년 정부(교육부)의 재원으로 한국연구재단의 지원을 받아
수행된 연구임(NRF-2012S1A6A3A01033504)

목 차

● ● ●

    친한 사람과의 사별은 여러 양상으로 경험되지만, 그때까지의 생활을 완전히 바꿔버리는 것과 같은 충격으로 다가오기도 한다. 그것은 자신의 죽음에 대한 상념을 다양한 형태로 불러일으키는 것이기도 하다. 그런데 이러한 사별이나 죽음의 경험은 매우 사적인 일로 받아들여지기도 한다. 사망진단서나 사망신고, 장례식이나 화장과 같은 공적인 수속 과정을 거치더라도 사별이나 죽음은 본질적인 부분에서 사적으로 떠안게 되고 반추하게 되는 경우가 많다.

    필자 자신도 지금까지 몇 번이나 그러한 경험을 해왔고 많은 독자들 역시 그럴 것이다. 그런데 이 책의 의도는 죽음이나 사별을 둘러싼 사적인 경험을 그대로 논하려는 것이 아니다. 그러한 경험을 근대사회 또는 현대사회라는 보다 광범위한 맥락 속에서 위치 지으려는 것이다. 죽음이나 사별의 상황에 처했을 때, 무서워하거나 슬퍼하기도 하고 여러 가지 일들을 생각하거나 시도하려고 하는 것은 확실히 개인적인 경우일 때가 많다. 그런데 그것에는 우리 자신이 그 일부로서 살아가고 있는 근대사회나 현대사회의 전체적인 동향으로부터 온 것이 분명히 각인되어 있다. 필자는 그러한 측면을 보다 확

◉ ◉ ◉

실하게 바라볼 수 있도록 시야를 넓히고자 한다.

일본 사회의 동향을 보면, 20세기 중반 이후로 영유아의 사망률은 급감하고 죽음은 고령자층에 편재되어 있다. 고도의 경제 성장기가 지나면서, 죽음의 장소는 자택에서 병원으로 변화하고, 사후의 장송 의례도 이웃 사람들이 장례를 위한 모임을 꾸리던 것에서 장의사 등 전문가들의 손을 통해 이뤄지는 것으로 변했다. 1990년대 이후, 의료진이나 장의사 등 전문직이 관리하던 획일적인 죽음의 형태에 대해 반발이 일어나면서, 자신다운 죽음 더 나아가 죽음과 사후 처리에 대한 자기결정이라는 사고방식이 한창 이야깃거리가 되었다. 예를 들면, 암(말기 암이라도)의 고지나 존엄사를 둘러싼 운동, 병원에서 죽는 것이 아니라 호스피스 병동이나 집에서 편안하게 죽기를 원하는 목소리들이 있었고 자신다운 장례를 위해 생전계약을 하거나 자신다운 묘비에 신경을 쓰는 것과 같은 것이다.

위와 같이 개인의 의지를 존중하는 '자기결정'의 사고방식을 보급한다는 것을 전제로 하면서, 누구도 피할 수 없는 죽음이라는 운명과 사별이라는 경험을 앞에 두고, 우리의 관계성이나 공동성의 방식을 어떻게 할 것인가 하는 점이 문제가 되고 있다. 예를 들면, 1995년에 일어난 한신·아와지 대지진과 옴진리교 사건, 1997년의 고베 초등학생 살해 사건 이후로 잇따른 소년·소녀 살인 사건과 이것이 계기가 되어 문제화된 아이들의 타자 감각이나 타자의 생명을 둘러싼 감

● ● ● ●

각의 문제, 그리고 90년대 후반 이후에 두드러진 중년, 고령자층을 중심으로 한 자살자 수의 증가, 수상의 야스쿠니 참배를 둘러싸고 논란이 된 전사자들에 대한 추도 문제 등이다. 물론 이 문제들은 각각 이질적으로 일어난 사건들이고 문제시되는 맥락 또한 서로 다르다. 그러나 어느 것이든 사람의 죽음이나 사별에 대해, 우리 사회의 방식, 우리의 연결 방식에 대해 근본적으로 재고해줄 것을 촉구하는 것이라고 볼 수 있다.

이상과 같은 흐름, 즉 죽음이나 사별을 둘러싼 자기결정의 확산과 이것과 병행하는 관계성이나 공동성의 되물음은 세부적인 차이는 별도로 하더라도 큰 흐름이라는 관점에서 본다면, 어느 것이나 일본 사회에만 한정된 것은 아니다. 오히려 일본 사회까지 포함하는 근·현대사회의 전체적인 동향과 사람들의 죽음이나 사별의 방식을 결부시켜서 생각할 수 있는 시야를 열어줄 수 있기를 바라는 마음이다. 그러나 죽음이나 사별의 배경에 있는 근·현대사회의 동향을 살펴본다는 것이 그리 간단한 일은 아니며, 그 전체상을 단숨에 완전히 표현한다는 것 또한 쉬운 일은 아니다.

고전적인 것까지 포함해서 사회이론의 작업을 생각해보면, 거기에서 이뤄지고 있는 여러 가지 시도들은 역사적인 것이든 체계적인 것이든, 근·현대사회의 전체적인 동향을 파악하려는 지향성을 어느 정도 갖고 있다. 굳이 죽음이나 사별의 사회학이라고 이름을 붙이지

● ● ● ●

않더라도 죽음이나 사별이라는 대상은 그 이론들의 사정거리 안에 들어가 있는 경우가 많다. 다양한 형태로 발전하고 있는 사회이론의 시도에서부터 근·현대사회의 죽음과 사별을 둘러싼 여러 가지 관점이나 식견을 끌어내는 것, 그리고 그것들을 되도록 열린 시야의 풍경으로 재구성해 보려는 것, 이것이 이 책에서 필자가 시도하려는 것이다.

따라서 이 책에서는 근·현대사회의 죽음과 사별의 양상이라고 하는 비교적 추상도가 높은 차원에서 논의가 이뤄진다. 일본 사회의 상황이나 우리의 신변 문제들을 항상 염두에 두면서 그것들을 언급하기도 하지만, 논의의 기본은 근·현대사회의 전반에 초점을 맞춘 사회이론에 준거한다. 이런 의미에서 이 책은 말하자면 하나의 지도 또는 겨냥도를 시험적으로 그려보는 것이 될지도 모르겠다. 지도는 지도일 뿐이다. 현지의 상황이 어떠한지 지도를 보는 것만으로는 세부적으로 알 수 없다. 그 지도 자체 또한 현지의 변화에 알맞게 항상 갱신되어야 한다. 지도는 우리가 그곳에 서서 다시 걸어가려고 하는 장소에 대한 이미지를 환기시키며 지금 있는 위치나 걸어가야 할 방향을 알려 준다.

필자에게 그랬듯이, 이 책이 여러 가지 경험이나 문제에 직면한 독자들에게 좀 더 열린 곳으로 나갔을 때 느낄 수 있는 어떤 개방감 같은 것을 가져온다면, 그리고 열린 시야 속에서 다시 한번 각각의

◉ ◉ ◉

경험이나 문제를 재검토하는 기회를 가져올 수 있다면, 필자로서는 큰 기쁨이 될 것이다.

가장 먼저 언급해야 하는 점이겠지만, 어쨌든 죽음이라는 주제를 논하는데 필자 자신은 어떤 특정 종교의 신앙을 갖고 있지 않으며, 다른 사람이 신앙을 갖는 것 자체를 부정하지도 않는다.

이 책의 전체적인 구성을 보면, 전반부인 제4장까지는 베버(Weber), 뒤르켐(Durkheim), 파슨스(Parsons), 의미학파, 엘리아스(Elias), 포스트모더니티 이론과 이론가별 고찰이 이뤄진다. 후반부인 제5장 이후는 전반부의 논의를 근거로 사회적 죽음, 죽음의 터부화, 죽음의 터부로부터 해방, 죽음의 포르노그래피, 죽음의 자기 결정, 죽음의 공동성 등 죽음을 논의할 때 많이 언급되는 내용을 중심 주제별로 사회이론의 관점에서 검토한다.

문장 가운데 인용되는 번역문과 번역어는 우리의 번역서와 다를 수가 있으며, 주석에 있는 인명 표기는 각 문헌의 표기에 따랐다.

제1장

죽음의 의미 상실과
자기본위의 죽음

죽음과 사별의 사회학

1. 베버, 뒤르켐과 죽음의 사회학

여러 영역에서 현대의 사회학 또는 사회이론의 기반을 다진 사람이라고 한다면, 19세기 후반부터 20세기 초기에 유럽에서 살았던 두 명의 사회학자, 독일의 막스 베버(Max Weber)와 프랑스의 에밀 뒤르켐(Emile Durkheim)이라는 것에 이론은 없을 것이다. 그들의 논의는 단순히 역사적인 고전으로서만 아니라 현대사회에 대한 논의에서도 여전히 참고된다. 그 이유는 그들의 논의가 근대화의 과정 속, 즉 우리 또한 장기적으로 본다면 그 틀 안에서 근대사회의 성립기에 있으며, 그 본질적인 경향이나 성질을 정확하게 알아맞히고 있기 때문이다. 합리화 과정의 진행(베버)과 사회적 분업의 진전(뒤르켐)에 따라 급격한 사회 변동이 이뤄지면서, 종래 개개인의 관계 방식이나 집단의 방식이 크게 변모하고 있는 상황, 그리고 그곳에서 계속 일어나고 있는 사람들의 삶의 양상이 변용되고 있다는 것이 그들이 공통으로 문제로 삼았던 사태였다.

베버와 뒤르켐의 저작들 가운데 고전 중의 고전이고 또 입문자가 먼저 읽어야 하는 책으로 많이 거론되는 책은 『프로테스탄트 윤리와 자본주의 정신』(베버, 1920)과 『자살론』(뒤르켐, 1897)이다. 앞에서 기술했듯이, 근대사회의 성립이나 전개의 양상을 다루면서 그것을 구체적인 대상과 소재로 논하고 있는 것이 두 책의 매력이라고 볼 수 있다. 두 책에서 다뤄지고 있는 것은 '종교'와 '자살'이라는 주제이다. 이 두 주제가 죽음이나 사별의 문제에 깊이 관여되어 있다는 것은 말할 필요도 없다. 물론 베버나 뒤르켐이 자신의 연구를 '죽음의 사회학'이라고 불렸던 것도 아니고 연구자가 그들의 업적을 죽음의 사회학이라고 부르거나 그런 관점에서 파악하는 경우도 거의 없다. 그러나 이 책의 관점에서 보면, 베버나 뒤르켐이 구축한 '근대사회의 이론'은 죽음이라는 주제를 그 사정 안에 당연하다는 듯이 포함하고 있다. 따라서 그들의 이론을 앞에서 언급한 두 저작을 중심으로 근대사회의 죽음을 둘러싼 논의인 죽음의 사회학으로 재구성하는 것이 가능해진다. 더구나 베버와 뒤르켐의 논의를 병행하여 살펴봄으로써 근대사회의 죽음에 대한 몇 가지 주목해야 할 논점을 이끌어낼 수 있을 것이다.

베버나 뒤르켐의 사회학에 대해서는 이미 내외적으로 방대한 학설사적 연구가 축적되어 있다. 학설사적 연구의 관점에서 보면, 이번 장의 내용과 같은 시도에 대해 약간 억지스럽다는 인상을 받을 수도 있다. 그러나 이번 장의 목적은 오히려 근·현대사회의 죽음이나 사별의 양상이라는 이 책의 주제를 위해 그 본래의 풍경이라고도 말할 수 있는 겨냥도를 베버와 뒤르켐의 힘을 빌려 그려보는 것에 있다.

2. 합리화된 문명인의 삶

먼저, 베버의 논의를 보자.[1] 베버는 합리화 과정의 진행 안에서 근대화의 본질을 찾아내고 있다. 합리적인 자본주의나 합리적인 관료제 조직의 침투, 합리적인 법체계의 정서, 합리적인 과학적 사고의 도입, 합리적인 화성음악의 탄생 등 근대사회에는 생활의 여러 측면에서 합리적인 사고방식과 생활양식이 번져 나갔다. 베버의 관심은 이러한 합리화 과정이라는 진전 양상을 체계적으로 파악하면서 그와 동시에 그 발단으로, 어떻게 해서 합리화로의 구동력이 서구에서만 모습을 나타냈던 것일까 하는 물음과 씨름하는 데 있었다. 다만 여기에서는 우선 합리적인 사고방식, 생활양식의 침투라는 과정의 본질적 의미를 베버는 어떻게 생각하고 있었는지에 대해 파악하고자 한다.

보통 합리화를 통해, 우리는 생활이 더욱 편리해지고 더 많은 지식을 얻음과 동시에 보다 논리적으로 여러 가지 일을 생각하게 된다고 볼 수 있다. 그러나 베버의 생각은 반대다.[2] 예를 들면, 우리는 전철이나 엘리베이터 등 편리한 이동수단을 이용하고 있고 그 이용방법도 알고 있다. 그런데, 그 기계들이 왜 움직이고 있는지에 대해서 반드시 알아야만 하는 것은 아니다. 그 기계가 합리적으로 기능하고 있기 때문에, 우리는 그 기능들을 예측하고 계산에 넣고서 행동할 수 있다고 *믿는 것*일 뿐이다. 우리가 편리한 시설이나 서비스를 이용할 수 있게 된 것이 어떤 시스템을 통해 그것들이 운영되고 제공되는지 세부적으로 숙지하고 있기 때문은 아니다. 우리는 그것들이 합리적으로 기능하고 있고, 또 그렇기 때문에 그 기능을 예측하고 계산에 넣고서 행동할 수 있다고 *믿고 있는 것*일 뿐이다. 이와 같이 사회에서 합리화의 진전은 그 합리성의 기초가 되는 것으로부터 사람들을 오히려 멀어지게 하는 경향성을 포함한다. 이러한 관점에서 베버는 "보통 의미로서의 '문명인'과 비교할 때, '미개인'은 그 자신이 속한 경제적, 사회적인 모든 조건에 대해 무한적으로 많은 것들을 알고 있다.”[3]고 말하기도 했다. 자신들이 사용하고 있는 도구나 시설, 환경 등 생활조건에 대해서 문명인보다도 미개인 쪽이 훨씬 더 많은 것을 알고 있는 것이 아닌가 하는 지적이다.

이상의 논의를 보다 일반적으로 말해 보자면, 합리화의 진전에 따라 사람들은 모든 것이 합리적인 메커니즘에 종속되어 움직이고 있다고 *믿게 된다*는 것이다. 이런 방식으로 파악하자면, 전철이 움직이는 시스템 등 어떤 메커니즘에 대해 모르더라도 알고 싶으면 전문가에게 묻는 등 언제라도 배워서 알 수 있다고 생각하게 될 것이다. 더구나 현재 그 성립에 대해서 해명되지 않는 현상이라도 장래에 과학과 같은 합리적인 사고가 진보하면서 그 성립의 메커니즘이 확실해진다고 생각할 수 있다는 것이다. 반대로 모든 사상(事象)에 대해, 예측할 수 없는 어떤 신비한 힘이 작용하는 도리는 없다는 생각을 하게 된다는 것이다. 예전의 종교나 그것에 준하는 신앙에는 신 또는 그에 준하는 신비한 존재를 통해 모든 사상에 의미가 부여되었다. 이 세상에서 우리들의 존재 의미나 사후 운명 등 모든 것이 그러한 존재를 근거로 해서 이해되었다. 합리화의 진전은 이러한 신비한 힘이 존재하는 것을 부정해간다. 이것이 베버가 말하는 ‘마술(주술)로부터의 해방’이다.[4]

마술로부터 해방된 세계는 그 대신 인과적 메커니즘, 자연적 인과율의 코스모스로 변용하게 된다. 즉, 온갖 사상(事象)에는 합리적으로 파악할 수 있는 원인이 있거나 있을 것이고, 세계의 사상 전체를 원인과 결과의 연쇄, 그 뒤얽힘으로 파악할 수 있게 되는 것이다. 그러나 그렇게 함으로써 예전에 종교 등에 부여되었던 세계로의 의미

부여는 소거된다. 거기에 있는 것은 인과적 메커니즘이지 의미가 아니다. 우리의 삶은 합리화되고 있기는 있지만, 의미 부여가 소거되는 세계로 던져진다. 이것이 베버가 말하는 '삶의 의미 상실'이다.

3. 죽음의 의미 상실

'삶의 의미 상실'이라는 사태는 '죽음의 의미 상실'이라는 또 하나의 사태와 반대 관계에 있다.[5] 고대의 농부나 봉건시대의 영주, 전사들은 '생에 포만감을 갖고' 죽어갔다고 베버는 서술하고 있다. 그들은 종교나 그것에 준하는 세계관에 따라 구석구석까지 의미가 붙여진 세계에 태어났다. 그들의 인생은 탄생하고 성장하고 늙고 죽는다고 하는, 이것도 부여된 것으로서 의미가 붙여진 순환을 따라서 돌고 그것을 완결시키는 것이었다. 따라서 그들은 의미가 부여된 세계 안에서 인생이 그들에게 가져다준 모든 것의 의미를 자명한 것으로서 알고, 생에 포만감을 갖고 죽어 갔던 것이다.

이것에 대해 베버는 다음과 같이 서술한다. "문화인 것은 모두가 자연적인 생활의 유기적 순환으로부터 인간이 빠져나가는 것이고, 그러므로 한 걸음 한 걸음 더욱 파멸적인 의미 상실로 이끌려 간다."[6] 즉, 인간이 문화나 문명을 갖는다는 것은 조금 전에 보았듯이, 의미가 부여된 순환으로부터 인간이 이탈해가는 것을 의미한다. 그리고 합리화 과정의 진행이라는 것은 그 의미가 부여된 세계로부터 이탈한 인간이 자신의 손으로 세계를 합리적으로 배열하려는 것이다. 그

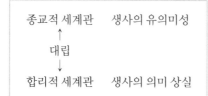

〈그림 1〉 베버의 논의 구도(1)

종교적 세계관　생사의 유의미성
↑
대립
↓
합리적 세계관　생사의 의미 상실

러나 그렇게 하는 것은 완결되지 않는다. 문명이 진보하더라도 그 자체가 끝없는 과정이다. 개인이 그러한 진보에 관여한다고 하더라도, 각자 어느 특정한 한 시점에서 극히 일부를 담당하거나 자신의 것으로 하는 것에 지나지 않는다. 그리고 그러한 것을 그 길 위에서 강제로 종료시키는 것이 각자의 죽음이다. 이 경우 죽음은 끝없는 과정의 단절이라는 것 이외의 의미를 갖지 않는다. 이것이 베버가 말하는 죽음의 의미 상실이다. 그리고 단절로서의 죽음이 최종적으로 찾아오게 되면, 그때까지 삶을 영위하는 것에도 의미를 찾아내는 것이 가능할까 하는 의문이 든다. 그러므로 죽음의 의미 상실은 삶의 의미 상실로 이어지는 것이다.

　지금까지 살펴본 베버의 논의를 보면, 종교적 세계관과 합리적 세계관의 대립이라고 하는 도식(<그림 1> 참조)으로 정리해볼 수 있을 것이다. 즉, 삶이나 죽음에 의미를 부여하는 종교적 세계관과 죽음의 의미 상실을 야기하는 합리적인 세계관이 대립하고 있거나 합리화의 과정이 진행되면서 후자가 전자를 침식하고 있다는 도식이다. 그런데 이와 같이 도식화할 경우, 베버가 서술하고 있는 것은 그다지 특이하지 않다. 베버의 논의를 이 책의 관점에서 보다 전체적으로 보자면, 이러한 도식으로는 그 내실적인 면이 담기지 않게 되어버린다. 그러한 점이 가장 전면에 나오는 것이『프로테스탄트 윤리와 자본주의 정신』이다. 여기에서 그려진 도식은 고찰을 통해 나중에 다시 그려질 것이다.

4. 신, 영원한 부재자

프로테스탄티즘은 16세기, 당시까지 가톨리시즘(Catholicism) 내에 있던 교회나 교황의 종교적 부패에 대해 항의하고 그들의 권위를 부정하며 신앙이나 『성서』그것으로 돌아가야 한다고 말하는 운동, 즉 루터(Luther)나 칼뱅(Calvin)을 주창자로 하는 종교개혁에서 발단하였다. 베버는 프로테스탄티즘 특히 그중에서도 여러 종파의 교의 가운데 가장 일관된 내용인 칼뱅주의(Calvinism)의 예정설을 종교 자체의 합리화, 종교 자체의 마술로부터 해방이라고 하는 하나의 궁극적인 도달점을 보여주는 것이라고 평가한다. 앞의 <그림 1>에서는 종교적 세계관과 합리적 세계관을 대립시키는 것으로 베버의 논의를 도식화했다. 그러나 여기에서는 종교적 세계관 그 자체가 합리화 과정의 안에 있는 것으로 될 것이다. 이와 관련된 주변의 사정은 칼뱅주의의 예정설을 둘러싼 베버의 논의를 정리하면서 살펴보자.[7]

예정설의 전제는 신의 철저한 초월성이라는 인식이다. 대개 종교는 어떤 신적인 존재를 믿고 숭배하고, 경우에 따라 우상에게 빌며 절하기도 한다. 그런데 원래 신이라는 존재가 인공으로 된 상과 동일시될 수 있는 혹은 부탁하게 되면 소원을 들어주는 존재일까? 이러한 의념을 철저하게 추구한 것이 예정설이다. 예정설에서 신은 그야말로 신이기 때문에 인간의 이해나 감각이 미치는 곳을 완전히 넘어선 존재이다. 신은 인간이 그 모습을 이미지하거나 그 의도를 도저히 헤아릴 수 없는 존재이다. 따라서 교회나 성직자가 신의 의지를 대행하고, 예를 들면 기증이나 참회를 한 신자의 죄를 용서하는 것도 결코 할 수 없는 것이다. 결국 신자들이 교회나 성직자, 다른 신자 등에게 의지하는 것은 이미 불가능하고 단지 고립된 자신의 내면에서만 신과 마주할 수 있게 되는 것이다.

그렇다면, 대개 종교를 믿는 사람의 최대 관심사는 자신이 죽는다면 어떻게 되는가 하는 점일 것이다. 사후의 불안이라는 것이 사람을 종교로 향하게 하는 큰 원동력이라고 해도 좋겠다. 프로테스탄트들도 예외는 아니다. 그들에게도 사후에 구원되는가 하는 문제는 일생일대의 관심사였다. 그리고 신의 철저한 초월성이라는 예정설의 전제로부터 본다면, 누구는 구원을 받고 누구는 구원받지 못하는가 하는 것에 대해, 신은 이미 모든 것을 꿰뚫어 보고 있을 것이며, 모든 한계를 초월한 절대적 존재인 신은 인간 한 사람 한 사람의 운명을 모두 파악하고 있을 것이다. 다시 말하자면, 신은 이미 모든 사람의 운명을 정해 두었다. 즉, '예정'하고 있는 것이다. 그러나 이런 신의 예정에 대해 신자들은 알 수 없다. 앞에서 살펴봤듯이, 인간의 이해를 끊어버리는 초월적 존재인 신의 의도, 예정을 인간이 추측하거나 변경한다는 것은 있을 수 없는 일이다. 어떤 의례적인 수단으로도 예정된 것은 변하지 않는다. 이상의 내용이 예정설의 개요이다. 이와 같이 예정설에서는 신의 초월성을 분명히 하는 형태로 합리적인 사고가 이뤄지고, 그에 따라 마술적인 수단에 따른 구제의 가능성은 완전히 막혀버리게 된다. 즉, 마술로부터의 해방이 완수되는 것이다.

이 예정설을 믿고 더구나 앞에서 보았듯이, 내면적인 고독 안에 그 가르침과 대치했던 경우의 신자들은 당시 어떻게 하는 것이 좋다고 생각했을까? 구원을 받는가 아닌가 하는 운명은 이미 결정되어 있지만, 결코 그 운명을 알 수는 없다고 하는 불안으로 가득한 상황이 사람들을 어떤 생활 태도로 이끌어 갔을까? 우선 생각할 수 있는 하나는 이미 운명이 정해져 있다면 이제 어쩔 도리가 없다고 대담하게 나오는 것이다. 실제로 당시 신자들 가운데에서도 이와 같은 심리 상태에 빠진 사람들이 있었다고 한다. 그러나 당시 대다수의 신자들에게 내세의 생활은 이 세상보다 더욱 중요한 것이었다. 그들은 모든 것을 체념하고 이 세상의 향락에 몸을 맡겨버리는 것과 같은 것이야말로 영원한 사멸이라는 운명을 스스로 확정해 버리는 행동이라고 생각했다. 그들은 오히려 (궁극적으로는 알 수 없다고 하더라도) 자신이 구원될 운명에 있다고 한다면, 자신은 어떻게 행동하게 될까 하는 생각을 했다. 그들은 자신의 행동에 따라 구원을 얻는 것이 불가능하더라도 적어도 자신은 구원받는다는 확신을 스스로 만들어 내려고 했던 것이다.

구원의 확신을 추구하는 신자들은 베버의 말을 빌리자면, '*어떤 때라도*, 선택인가 버림인가 하는 양자택일을 앞에 두고 *조직적인 자기심사*'를 강요받게 된다.[8] 신자들은 알 수 없는 신의 존재를 염두에 두면서도, 신에게 명령을 받아서라기보다 오히려 자신을 스스로 제어할 것을 강요받는 것처럼 한다. 이와 같이 자기 조절, 자기심사가 목표로 하는 것은 결국 본능적인 향락을 억제하고 생활을 질서있게 하는 것이었다. 물론 이런 의미의 금욕적인 생활은 프로테스탄티즘에 앞서 가톨리시즘 수도사들의 생활에서도 있었다. 그러나 그것은 수도원이라는 세속 밖의 금욕, 즉 '세속 외 금욕'이었다. 예정설은 결과적으로 이 금욕적 태도를 수도원으로부터 끌어내어 세속의 '안'으로 들여오는 역할을 하게 된다. 즉, (수도사에 한정되지 않고) 일반 신도들이 매일 일상의 생활에서 행하는 금욕, '세속 내 금욕'이라는 생활 태도가 넓게 받아들여지게 되었다. 그리고 이 세속 내 금욕에서 가장 중요시된 것이 직업 생활이었다. 꾸준한 직업 노동을 축으로 올바르게 규율 있는 생활을 다하고, 그것을 통하여 생활 전체를 합리적으로 조직화하는 것이 요구되었다. 그리고 그 귀결점은 이 세상 전체를 신의 의지에 의거하도록 하고, 신의 영광을 더하는 것이라고 생각하는 합리적인 질서로 바꿔 나가는 것, 또는 그것을 위하여 스스로 '신의 도구'가 되는 것이었다.

다만 신의 의도가 원래 불가지(不可知)이기 때문에, 이렇게 하는 것으로 완결되는 것은 결코 아니다. 따라서 신자들은 잠시도 멈추지 않고 자신의 생활을 부단히 자기심사로 드러내는 것, 그리고 그것을 통해 삶의 마지막 순간까지 구원의 확신이 보다 확실하도록 마음을 다잡는 것이다. 신이 존재하던 가톨리시즘에서는 죄를 짓고 사후에 대한 불안감을 느꼈더라도 교회에 기부를 하거나 참회를 하는 것으로 그 불안을 해소할 수 있었다. 가톨리시즘에서는 교회라는 신의 의지를 대행하는 기관이 최종적으로 신자의 책임을 해제하고 엄격하거나 철저한 금욕을 면제할 수 있는 형태였다. 그런데 신이 영원한 부재자가 되어버리는 프로테스탄티즘에서는 죽음과 사후에 대한 고뇌에 찬 불안이 해소되는 경우가 없다. 이러한 불안이 결과적으로 인생과 끝없는 조직적인 투쟁으로 사람들을 이끄는 것이다.

그런데 칼뱅주의 이후에도 성생활의 쾌락에 대한 금욕이나 일요일 오락에 대한 금욕과 같은 형태로 세속 내 금욕은 이뤄졌다. 그때 중시된 것은 '영리기계'(營利機械)가 되어, 직업에 전념하며 합리적으로 이윤을 올리는 것이었다. 더구나 그렇게 올린 이윤은 신에게서 위탁받은 재산이기 때문에, 자신의 향락이나 겉치레에 쓸 수 없고 오히려 신의 재산을 엄격히 관리하고 증대시킴으로써 신의 영광을 더하는 것이어야 했다. 이러한 행위가 시간이 지나면서 서서히 종교적인 색채를 잃고 효율적으로 이윤을 추구하며 자본을 증대시키는 자본주의적인 생활 태도로 전환되었다는 것이 베버의 논점이다.

그렇다면, 예정설로 대표되는 프로테스탄티즘 윤리는 이미 그 자체 안에 스스로 전환시켜 해체시키는 계기를 품고 있었다는 것이 된다. 앞에서 보았듯이, 프로테스탄티즘에서 원래 신은 인간이 이해할 수 없는 초월적 존재이고, 인간의 관점에서 보면 실질적으로 있는지 없는지조차 모르는 영원한 부재자이다. 사후에 편집된 베버의 『종교사회학』에는 다음과 같이 기술되어 있다.

세속 내 금욕자가 세계 *전체*―책임은 그가 아니라 그의 신이 지는 것이다―안에서의 직업 활동의 의미를 물을 것도 없다면 다시 물어볼 필요도 없다. 왜냐하면, 그는 현세에서 그 개인의 합리적인 행위에 따라 신의 의지를―그 궁극적인 의미는 그로서도 알아낼

수 없지만 − 집행한다는 의식에 만족하고 있기 때문이다.[9]

결국 신자들은 궁극적으로 신이 무엇을 생각하는지도 모르면서, 그에 따라 자신의 행위와 생의 의미도 모른 채 모든 것을 허공에 매달린 상태에서 단지 신의 의지를 집행하고 있다는 '의식'을 얻기 위해 자신을 심사하고 제어하면서 끊임없이 금욕적인 생활로 향하는 것이다. 이러한 행위가 결과적으로 자신의 존재 의미를 허공에 매단 채, 어쩌면 허공에 매달려있기 때문에 멈추지 않고 자동적으로 운전해 가는 합리적인 경제적 기구, 즉 '단단하게 구리나 철로 된 틀'에 비유될 수 있는 합리적인 질서를 만들어 냈던 것이다.

베버의 논의에 대한 위의 정리 내용을 토대로 생각해본다면, 앞의 <그림 1>은 <그림 2>와 같이 다시 그려져야 할 것이다(<그림 2> 참조). 단순히 종교적 세계관과 합리적 세계관이 대립하고 있고, 어느 쪽이 강해지거나 약해진다는 것이 아니다. 종교적 세계관에서 생사의 의미가 매우 합리적으로 추구된다는 것이 하나의 도달점으로서, 바로 합리적 세계관을 실제적인 귀결로 가져오고, 그 합리적인 세계관이 다음에는 자신의 출구를 말소하는 듯이 종교적 세계관을 침식하며 생사의 의미 상실을 초래한다는 것이다. 베버는 종교적 세계관과 합리적 세계관의 이러한 관련성을 주시하고 있기 때문에, 현대에서 종교의 가능성에 대한 그의 시선은 엄격하다고 볼 수 있겠다. 합리화의 과정이 진행된 현대사회에서 사람들의 사고나 생활 태도의 궁극적인 근거가 되는 가치는 다양하고 서로 풀기 어려운 싸움 가운데 있다. 그 가치들에 대해 우열을 매길 수 없기 때문에, 결국 개인들

은 어느 것이 자신에
게 신이고 악마인지
선택할 수밖에 없다.
물론 '지성의 희생'
을 감수하며 종교라
는 가치를 선택하고

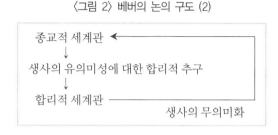

〈그림 2〉 베버의 논의 구도 (2)

종교적 세계관 ←
　↓
생사의 유의미성에 대한 합리적 추구
　↓
합리적 세계관 ────
　　　　　생사의 무의미화

생과 사의 궁극적인 의미를 이해했다고 볼 수도 있다. 그러나 그것
은 종교 외에 다양한 여러 가치까지 포함하는 '신들' 가운데 종교라
는 하나의 '신'을 그 사람이 선택한 것에 지나지 않는다. 그리고 그
러한 선택에 기반한 사고나 행위는 현실에서 다른 신들과의 싸움 속
에서 다양한 모순이나 갈등을 만들어 내지 않을 수 없다. 이것이 베
버가 말하는 '신들의 싸움'이다.[10]

5. 상례와 사회적 연대

　다음은 뒤르켐의 논의 내용을 보자.[11] 뒤르켐은 산업화와 동반되
는 사회적 분업의 진행이 개개인의 상호 이질성, 다양성의 정도를
높여가는 과정에 주목했다. 이러한 과정은 상황에 따라, 이전의 상
호 동질성에 의거한 연대와는 다른 새로운 연대를 창출하는 계기가
될 수도 있다. 그러나, 실제로 개개인의 개성화, 다양화 과정은 규제
없이 그대로 진행되고, 연대의 계기 그 자체도 잃어버린다. 이러한
사태(事態)를 종합적으로 파악함과 동시에 새로운 사회적 연대의 형

태, 즉 사람들을 서로 연결하는 동반의 방식을 고찰하는 것이 뒤르켐의 기본적인 관심이었다.

여기에서는 먼저 뒤르켐의 마지막 시기의 저작인 『종교생활의 원초적 형태』(1912)를 통해 살펴보자.[12] 책에서 뒤르켐이 구체적으로 다룬 것은 오스트레일리아 원주민의 생활이다. 뒤르켐이 그들을 연구 대상으로 했던 이유는 앞에서 기술한 사회적 연대의 본질이 되는 것을 찾기 위해서였다. 예전의 사회에서 연대를 지지하고 있던 것은 바로 종교였다. 그는 역사적으로 봐서 가장 원초적인 형태로 거슬러 올라가면, 종교의 본질이 되는 것을 표본(sample) 또는 순수한 형태로 추려낼 수 있다고 생각했다. 먼저 베버는 가장 합리화된 종교의 한 형태로 프로테스탄티즘의 예정설에 주목하고, 그것에서 내면적 고독화 속에서 자신의 운명에 대처하고자 하는 개개인을 발견했다. 뒤르켐의 경우는 가장 원시적인 종교 형태로 되돌아가, 그곳에 개개인의 사회적 연대를 만들어 내는 본질적 요소를 발견하고자 하였다. 종교와 같은 주제를 논의한다고 하더라도, 양자의 논의는 완전히 반대 방향으로 향하는 것처럼 보이기도 한다. 다만 양자의 논의 기저에 있는 문제에 대한 관심이 서로 완전히 떨어져 있다고 말할 수는 없다. 양자의 논의가 교차하는 지점에 대해서는 이번 장의 마지막에서 새롭게 고찰할 것이다.

오스트레일리아 원주민의 종교 생활에서 뒤르켐이 주목한 것은 토테미즘(Totemism)이었다. 이것은 아메리카 인디언 등 다른 미개 민족에게도 보이는 점으로서, 특정 동식물이나 사물, 즉 토템은 신성하기 때문에 그 대상을 먹거나 죽이는 행위가 금기시된다. 보통 소단위로 나뉘어 사냥이나 고기잡이를 하는 구성원들은 어느 신성한 기간이 되면, 한 자리에 모여 토템을 중심으로 하는 종교적 제의를 집단적인 고양이 이뤄지는 가운데 거행한다. 토테미즘에서 신앙의 중심이 되는 토템은 '마나'(Mana) 등으로 불리는 익명의 비인격적인 힘을 상징한다.

이와 같은 종교 생활의 모습에 대해, 뒤르켐은 토템이나 마나라는 것은 결국 집단이 집합하는 힘 또는 집단이 개개인에게 미치는 도덕적인 힘을 상징하는 것과 다름없다고 해석한다. 종교의 힘이란 결국 사회의 힘이며, 신이란 결국 사회인 것이다. 신성한 기간에 한 곳에 모이는 제의도 그것을 통해서 개개인 안에 있는 집단의 힘을 재확인하고 집단을 재활성화하는 것이다. 뒤르켐의 견해에서 '신=사회'는 개개인에 외재하는 것이며, 개개인을 구속하는 것으로 이미지되어 있는 것처럼 보일 수도 있다. 그런데 뒤르켐은 다음과 같이 서술하고 있다.

그러나 또 다른 한편, 사회는 개인들에 의해서만, 또는 개인들 안에서만 존재하고 생존한다. 만약 사회 관념이 개인들의 정신 안에서 소멸한다면, 또 개인들이 집합체의 신념, 전승, 원망(願望)을 공유하기를 멈춘다면 사회는 사멸할 것이다.[13]

또, 『종교생활의 원초적 형태』가 간행되고 2년 뒤에 열린 '종교의 미래'(1914)라는 강연에서는 "신을 만들어내는 것은 우리이기 때문입니다. 우리가 하늘에 투사하는 것은 우리 자신의 확대된 상(像)인 것입니다."[14]라고 말했다. 즉, '신=집단의 집합력=사회의 힘=우리 개개인의 힘'이라는 것이다. 따라서 뒤르켐이 해석하는 원초 형태의 종교로서 신성한 것으로 존중되었던 것은 '개개인에 외재하는 신= 사회'라는 것보다 오히려 '개개인이 타자와 함께 있다'라고 하는 사태(事態), 그것이 갖는 힘이라고도 표현하는 것이 좋을 것이다. 종교 적인 의례도 이러한 힘을 재확인하고 재활성화하는 역할을 담당하 는 것이다.

　이상과 같은 해석을 바탕으로, 이 책의 주제와 특히 깊은 관계가 있는 오스트레일리아 원주민의 상례에 관한 논의를 살펴보자.[15] 뒤 르켐에 따르면, 다음의 상례는 오스트레일리아 전 지역에서 보이는 데, 누군가 죽으면 같은 집단의 구성원들이 한 곳에 모여, 큰 소리로 탄식하며 울부짖으며 자신의 몸을 할퀴고 때리며 불로 지지고 서로 때리며 상처를 입히는 경우가 있다고 한다. 그들은 왜 이러한 의례 를 행하는가? 뒤르켐은 상을 당했을 때의 이러한 형태가 슬픔 등 개 인적인 감정이 자연스럽게 표출되는 것이 아니고, '집단으로부터 부 과된 의무'인 것이라고 해석한다. 죽음은 사회의 쇠약을 느끼게 하 는 충격으로서 갑자기 덮쳐 온다. 이것에 대해 집단의 구성원은 가까 이 다가가 몸을 서로 기대며, 그런 가운데 비탄이나 울분의 감정을 털 어놓고, 자신이나 다른 사람에게 상처를 줌으로써 집합적인 흥분 상 태에 빠져든다. 이것이 바로 집단의 힘, 사회적 활동을 재활성화하는 것으로 이어진다. 이러한 점에서 이러한 의례는 집단으로부터 부과 된 의무인 것이다. 그러므로 "집단은 힘이 점점 다시 돌아오는 것을 느낀다. … 사람은 상중(喪中)에서 나아간다. 그렇게 상사(喪事) 자체 를 통하여 상을 당한 상태에서 나아가는 것이다."[16]

베버가 논의했던 앞의 내용에서는 합리화된 현세의 사람들이나 집단으로부터 벗겨지고, 철저히 초월성을 띠게 된 신은 오히려 사람들의 사후에 대한 불안을 불러일으키게 되었고, 이것이 사람들에게 내면적 고독 가운데 종교적 활동, 이후에는 합리적 활동으로 향하도록 하는 원동력이 되었다고 보고 있다.

반면 뒤르켐이 논하는 원초적 형태의 종교에서는 신, 즉 집단이나 사회의 집합력 또는 '개개인이 타자와 함께 있다'고 하는 사태(事態), 그것이 지닌 힘이 사람들을 죽음의 위협으로부터 보호하는, 다시 말하자면 죽음으로부터의 방어벽으로 된다. 그런데 이것은 미개사회의 원초적 형태인 경우이다. 뒤르켐의 관점에서 보더라도, 근대사회에서 종교는 그와 같은 힘을 갖고 있지 않고, 종교를 보완할 수 있는 힘을 지닌 자도 당장 존재하고 있지 않다. 죽음에 대한 방어벽은 이미 존재하지 않고, 방어벽은 없는 상태에서 사람들은 오히려 죽음에 유혹되어 스스로 그 방향으로 향해버린다. 『자살론』에서 문제가 되는 것은 '원초적 형태의 신=사회'와는 대조적인, 사람들을 죽음으로 유혹하는 근대사회의 모습인 것이다.

6. 자기본위의 죽음

뒤르켐은 『자살론』에서 사람을 자살로 이끄는 사회적 맥락의 유형을 '자기본위적(이기적) 자살', '아노미적 자살', '집단본위적(이타적) 자살', '숙명적 자살'이라는 네 가지로 구분하여 제시하였다.

특히 자기본위적 자살과 아노미적 자살은 근대사회의 특징적인 것으로서, 여기에서는 우선 자기본위적 자살과 집단본위적 자살에 대해서 살펴보고자 한다.[17]

　뒤르켐은 논의를 진행하면서 많은 자살률 통계를 참조한다. 하나의 예로, 종교생활이라는 관점에서 보면, 가톨릭 신자보다 프로테스탄트 신자들의 자살률이 높았다. 가족생활이라는 관점에서 보면, 기혼자보다 미혼자, 또 기혼자는 아이가 있는 경우보다 없는 사람의 경우 자살률이 더 높았다. 또, 가족 구성원의 수가 많을수록 자살률은 낮아지는 경향이 있었다. 정치생활이라는 관점에서 보면, 혁명 등의 정변이나 전쟁이 일어났던 기간에 자살률은 낮았다. 이러한 결과에서 어떤 것을 말할 수 있을까?[18] 예를 들어, 종교생활에 대해 생각해보면, 같은 기독교라도 가톨릭은 통합도가 높은 교회를 중심으로 하는 종교이고, 프로테스탄티즘은 이전의 교회 권위를 부정하고 신도 개개인이 『성경』을 매개로 신과 대치하는, 개인의 '자유 검토'를 허용하는 종교이다. 마찬가지로, 가족생활에 대해서도 기혼자이고 자녀가 있고 가족 구성원이 많다고 하는 조건은 가족이라는 집단에 사람들을 매어두거나 그 통합도를 높이는 것이라고 볼 수 있다. 정치생활에 대해서도 전쟁이나 정변이 일어나는 비상시에는 사람들이 자신이 속한 국가나 당파 등 집단에 대해 귀속의식이 오히려 강할 것이다. 이와 같이 전체적으로 볼 때, 통합도가 높은 집단에 소속되어 있고 사회적 연대가 비교적 강한 상황인 경우에는 자살률이 낮고, 반대로 사회적 연대가 비교적 약하다고 생각되는 경우에는 자살률이 높은 경향을 보인다. 뒤르켐에 따르면, "자살은 개인이 속한 사회

집단의 통합 강도에 반비례하여 증감한다.”[19]

이상과 같이 사회적 연대가 약하고 개인이 속한 집단의 통합도가 약한 상황이 죽음으로 이어지는 이유는 무엇일까? 뒤르켐에 따르면, 이러한 상황은 때에 따라 ‘과도한 개인화’를 초래한다. 이러한 경우, 개인은 자신을 바탕으로 자기본위적인 행동을 하게 된다. 그런데 개인이 자신의 노력이나 행동에 의미를 찾아낼 수 있는 것은 그것을 타자(他者)가 받아들이고 인정해주기 때문이다. 개인은 원래 자신이 하는 일에 대한 가치를 단지 자기 혼자서 판단할 수는 없다. 그것을 할 수 있는 것은 타자다. 자기본위적으로 살아간다는 것은 타자와의 이러한 관계성을 차단한다는 것과 다르지 않다. 결과적으로 자기본위로 살아가는 인간은 자신의 노력이나 행동의 의미, 목적을 찾아낼 수 없게 되고, 결국 무엇을 하더라도 허무라는 피로감, 또는 ‘자신의 노력이 무(無)로 돌아가 버린다고 하는 감각’을 품게 된다. 이러한 허탈감은 행동으로의 의욕을 꺾어버리고 살아갈 기력마저도 잃어버리게 만든다. 이와 같이 ‘과도한 개인화’라는 상황이 사람을 죽음으로 이끄는 요인이 될 수 있다는 것이 ‘자기본위적 자살’이라는 유형에서 뒤르켐이 시사하는 점이다.

그렇다면 모든 사회적 맥락에서 사회적 연대가 강하고 통합도가 강한 집단에 개인이 속한 경우, 자살은 일어나지 않는다는 것일까? 그렇지도 않다. 전근대적인 사회에서 많이 발견되는 점이지만, 왕의 죽음에 동반하는 신하의 자살이나 남편을 따라 아내가 자살하는 경우가 있다. 또 종교에 귀의하면서 순교자가 자살하는 경우도 있다. 이러한 사례는 개인화의 정도가 자기본위적 자살의 경우와 같이 과도한 것이 아니라 오히려 너무나 미약하기 때문에 개인의 의지가 자신이 속한 집단의 행동기준에 흡수되어 버리는 경우이다. 결과적으로, 자신의 외부 집단이나 상황이 죽음의 상황으로 유혹할 때, 사람은 그 목소리에 몸을 맡길 수밖에 없다. 이것이 '집단본위적 자살'이다. 뒤르켐은 자기본위적 자살과 집단본위적 자살을 대조시켜 다음과 같이 서술하고 있다.

> 자기본위주의자의 비애는 그가 이 세상에서 개인 이외에 그 어떤 현실적인 것도 인정하지 않는 것으로부터 생겨나지만, 통상적인 틀에서 벗어난 집단본위주의자의 비애는 반대로 개인에게 완전히 실재성이 결여되어 있다고 느끼는 것에서 생겨난다.[20]

뒤르켐 당시에는 일반시민보다 군인들의 자살률이 높다는 통계적 사실이 있었다. 뒤르켐은 이 사실에 대해 군대라는 구속력이 매우 강한 집단에 소속되어 있다는 사실에서 집단본위적 자살의 낌새를 알아차리고 있었다.

뒤르켐의 견해에서 보면, 이와 같이 개인화의 진행이 지나치게 과도하거나 반대로 지나치게 미약하더라도 그러한 요인이 모두 사람을 죽음으로 유혹하는 것으로 될 수 있다는 것이다. 즉, 사람이 적당한 '관계성' 안에 있다는 사실이 죽음의 유혹에 대한 방어벽이 될 수 있다는 것으로 여기에서는 정리할 수 있겠다. 한 사람 한 사람이 이질적인 낱알이면서도 상호 관계성 안에 있고, 그 안에서 서로의 행위를 승인하며 그것을 통해 각각이 자신의 존재 이유를 찾아내는 것과 같은 그러한 관계성이야말로 개인으로서 살아가는 각자의 삶에 의미를 준다는 것이다.

7. 아노미, 무한이라는 병

이제 '자기본위적 자살'과 함께 근대사회를 특징짓는 자살의 유형인 '아노미적 자살', 그리고 그것과 대조를 이루는 '숙명적 자살'에 대해서 알아보자. 아노미(Anomie)란 욕구의 무규제 상태를 의미한다. 산업화에 따른 급격한 경제발전은 사회적인 성공이나 부, 쾌락의 추구 등 여러 가지 욕망을 불러일으킨다. 그리고 산업화에 따른 도시화의 진전 등에 따라 종교나 도덕 등 종래의 전통적인 규범의 힘은 약해지고, 사람들의 욕망을 규제하여 그것을 일정 테두리 안에 한정시키려는 힘도 약해진다. 결과적으로, 사람들은 자신의 욕구를 만족시키는 방법을 모른 채, 제한없는 욕구의 대상을 추구해가는 상태, 말하자면 '무한이라는 병'인 아노미 상태가 출현한다.

자신이 추구하는 욕망이 사회적인 성공이든 부이든 쾌락이든, 아노미 상태에 있는 인간에게는 항상 전진하고 있다는 느낌이 필요하다. 지금 현재 여기에 없는 것, 행복한 상태가 언젠가 분명 찾아올 것이라는 희망이 그들을 행동하게 하는 원동력이다. 그런데 원하던 상태는 어느 곳에서도 오지 않고 오히려 한 곳에서 허무하게 몸부림치고 있는 것 같은 감각, 초조감, "그만둘 수 없는 갈증"만을 느낄 뿐이다. 그들에게는 과거도 "초조함 가운데 지나온 과정의 연속에 지나

지 않는다." 그리고 그러한 초조감이 그들을 더욱 욕망 추구로 몰아
가는 것이다.[21]

아노미 상태에 있는 인간의 이러한 행위는 앞에서 베버가 묘사했
던 것처럼, 자신의 행위 의미를 허공에 매단 채 세계를 합리적으로
배열하도록 내몰리는 인간의 행위와 연결되어 있다는 것을 느끼게
된다. 산업화가 진행되고 자본주의가 지배적이던 당시 상황에 내포
되어 있던 같은 문제성에 대해, 베버와 뒤르켐은 각각의 관점에서
조명을 비추고 있던 것이다. 베버는 이러한 행위 끝에 찾아오는 것
이 두절이라는 죽음, 의미가 결여된 죽음이라고 보았고, 뒤르켐은
이러한 행위가 파탄이 나서 멈추지 않을 수 없게 되었을 때 찾아오는
것이 견뎌내기 어려운 환멸감이라고 보았다. "도달한 지점을 끊임없
이 극복하는 것만을 목적으로 할 때, 뒤에 남겨지는 것은 얼마나 고통
스러울까?"[22] 그리고 그 환멸감이 사람을 죽음에 이르게 하는 경우
도 있다는 것이 뒤르켐이 말하는 '아노미적 자살'이다.

이 아노미적 자살과 앞에서 살펴본 자기본위의 자살에 대해 뒤르
켐은 양자를 구별하면서도 그것들은 "같은 사회적 상태의 다른 두
가지 측면에 지나지 않는다"라고 기술하고 있다.[23]

양자의 관계에 대해서는 다음과 같이 정리할 수 있겠다. 앞에 살펴
본 것과 같이, 자기본위의 자살을 유발하는 것은 '관계의 희박화',
'과도한 개인화'라는 사회적 상태였다. 이러한 가운데 자신이 하는
일에 의미를 부여해주던 타자를 상실하는 것이 한편으로는 자기본
위의 자살을 야기했다. 또 이와 같은 사회적 상태를 배경으로, 자신
의 행위에 대한 의미를 스스로 욕구를 점점 채워가는 것에서 찾으려

는 것이 아노미 상태에 있는 인간이다. 그런데, 타자와의 관계성을 빼놓는 한, 아무리 높은 지위를 얻으려고 하고 또 아무리 부유함을 손에 넣는다고 해도 의미를 추구하는 행위에는 충족이 이뤄지지 않는다. 그것이 더욱 욕구를 추구하도록 끝없이 몰아가고, 그렇게 다다르게 되는 곳의 하나가 비극적인 결말인 아노미적 자살이라는 것이다.

자기본위의 자살을 둘러싼 논의에서 뒤르켐은 집단본위의 자살을 그것과 대치시키고 있고, 아노미적 자살과 대치되는 것으로 '숙명적 자살'을 배치하고 있다.[24] 숙명적 자살 또한 근대사회라기보다 그 이전 사회에서 많이 발견되는 것으로 되어 있고, 그 예로 노예 자살 등이 거론되었다. 이 점에 대해, 집단본위의 자살과는 다음과 같이 관계를 정리할 수 있다. 즉, 앞에서 살펴보았듯이 '관계성의 농밀화', '미약한 개인화'라는 사회적 상태에서는 집단본위의 자살로 귀결된다. 그리고 이러한 사회적 상태는 아노미 상태와 같이 욕구를 점점 채우려고 하는 것과는 완전히 반대로 자신의 욕구를 채우려고 하더라도 그런 움직임이 집단의 압박이나 완전한 봉쇄로 귀결되어 버린다. 그 결과, 욕구를 충족하는 길이 완전히 닫혀버린 인간에게 이끌리는 것이 숙명적 자살이다.

이상의 내용을 정리해서, 자살의 사회적 맥락을 둘러싼 4가지 유형의 상호관계를 도식화하여 정리한 것이 <그림 3>이다. 4가지 유형이 가리키는 것과 같은 사회적 상태가 사람을 죽음으로 이끄는 것이라고 한다면, 반대로 사람들의 생에 의미를 부여하는 것은 이 책의 관점에서 보면, 적당한 '관계성'이고, 그와 같은 관계성 안에서

〈그림 3〉 자살의 4가지 유형과 그 상호관계

① 자기본위적 자살　　　　③ 아노미적 자살
　희박화 = 과도한 개인화　→　이기적 욕망의 비대화
　↑
　적절한 '관계성'
　↓
　농밀화 = 미약한 개인화　→　이기적 욕망의 폐쇄화
② 집단본위적 자살　　　　④ 숙명적 자살

사람들은 자신의 욕망의 위치를 발견하고, 자신의 행위를 받아들여 주는 타자를 찾을 수 있는 상태가 된다. 이러한 상태를 만들어내는 관계성을, 사회적 분업에 따라 개성화, 이질화가 진행되고 더구나 아노미 상태가 출현하는 근대사회에서 발견할 수 있는 장소가 어디인가 하는 점이 뒤르켐에게는 큰 문제였던 것이다.

8. 의미상실 후의 세계를 살아간다는 것

이상으로 베버와 뒤르켐의 사회이론을 죽음의 사회학이라는 관점에서 다시 살펴봤다. 이러한 관점에서 보면, 양자의 이론에는 기저를 이루는 부분에서 같은 물음을 공유하고 있다는 것을 알 수 있다. 단적으로 말하자면, "의미상실 후의 세계를 살아간다"는 것을 둘러싼 물음이다. 베버의 논의에서도 그리고 뒤르켐의 논의에서도 근대 이전의 사회인 경우, 사람들의 행위에 의미, 더 나아가서 생과 사의 의미는 종교 또는 그에 준하는 의미체계를 가져온다. 근대화라는 것은 사람들이 이렇게 의미가 부여된 세계로부터 이탈해가는 것, 다시 말하자면 의미상실 후의 세계에서 살아간다는 것이다.

오히려 이 의미상실로부터 오는 '무의미함'를 회피하려는 감각이 근대사회에서 사람들을 합리적인 배열 혹은 욕구의 추구라는 행동으로 몰아간다는 점도 양자의 경우 공통된 관점이었다. 물론 이렇게 파악하는 방법은 최종적으로 이 세계의 모든 것들이 공허하고 결과는 무의미하다고 하는 허무주의로 빠져들 가능성을 갖고 있다. 그러나 여기에서도 베버와 뒤르켐의 경우 공통하는 점은 그러한 허무주의로 향하거나 과거의 세계를 그리워하며 회고하는 데 그치는 것이 아니라, 바로 그 의미상실 후의 세계에서 그래도 어떠한 '의미'를 찾아낼 수 있다면, 그것은 어떤 형태를 취할 것인가 하고 물어 가려는 자세이다.

이미 서술한 것처럼, 뒤르켐은 그런 '의미'가 있는 곳을 이 책의 표현으로 말하자면, 적당한 '관계성' 안에서 추구했다. 여기에서는 굳이 이런 표현을 사용했지만, 관계성이나 연결이라는 말은 때로 마법의 말이 되기도 한다. 그 말을 외치면, 모든 의문이 풀릴 것 같은 기분이 들기도 하지만, 구체적인 사실이 확실해지는 것도 아니다. 뒤르켐 자신은 그 사실을 오히려 어떤 개인주의 형태로 설명하고 있다. 1889년에 쓴 논문인 「개인주의와 지식인」에서는 다양한 개인적 차이를 전제로 하면서, 개인을 그 자체로서 지고의 존재로 존중해가는 것, 그리고 그렇게 개인을 서로 존중한다고 하는 것에 대해 상호 연결되어 가는 것을 중심축으로 하는 개인주의가 이기적인 개인주에 대치되는 형태로 묘사되어 있다.[25] 같은 논문에서 이 개인주의에 대해, '인간이 대상이면서 동시에 주체인 이 숭배', '인간은 인간에 대해 신으로 된 것' 더구나 '인류교'(人類教)라는 표현도 보인다. 물론 여기에서 뒤르켐이 종교에 비유해서 형용하고 있는 개인주의는 일반적인 의미에서의 종교와는 매우 다르다. 다만 이런 표현 안에서, 후에 『종교생활의 원초적 형태』에서 언급하는 관계성을 근대사회에 어울리는 형태로 재생시키려는 뒤르켐의 의도를 읽어낼 수 있을 것이다.

뒤르켐은 구체적으로 이와 같은 관계성이 성립될 수 있는 구체적인 경우에 대해 이미 논했다. 근대사회에서 국가를 포함하는 정치적 집단이나 종교적 집단, 더 나아가 가족이라도 이런 경우에는 될 수 없다고 그는 진단한다. 뒤르켐이 기대를 거는 것은 직업집단 또는 동업조합이다.[26] 산업화가 진행되는 근대사회에서 사람들의 생활을 가장 포괄적으로 파악할 수 있는 집단이라고 할 수 있겠지만, 20세기 이후의 역사에서 이러한 판단이 반드시 타당하지 않다는 점은 노동조합 등의 상황을 보더라도 분명하게 말할 수 있을 것이다. 다만, 뒤르켐은 앞에서 살펴본 것과 같은 관계성이 성립할 수 있는 경우를 국가와 같이 개인보다 상위에 위치하는 집단에 대한 귀속의식 등에서 구한 것이 아니라, 오히려 사람들이 서로 활발하게 주고받는 행위와 같은 일상적인 생활과 같은 아주 가까운 곳에서 구했다는 점을 여기에서는 우선 명시하고 싶다.

그렇다면 베버는 어떤가? 앞에서 살펴보았듯이, 그는 의미상실 후의 세계의 상태를 다양화된 가치가 서로 경합하는 '신들의 싸움'

으로 파악하고 있다. 그런데 현대사회를 살아가는 인간이 현실을 그렇게 싸움으로 인식하고 있는 것만은 아니다. 베버의 말에 따르면, 그것은 우리가 일상 속에서 막연하게 지내고 있기 때문이며, 오히려 그것을 견디지 못하고 자신에게 가치가 있는 것을 선택해야 하는 것에 직면하고 있다는 것이다. 베버는 다음과 같이 말한다. "어느 개개인의 중요한 행위도, 더 나아가 그것만이 아니라 전체로서의 삶도, 만약 그것이 자연적으로 생기하는 것과 같이 단지 지나가 버리는 것이 아니라 의식적으로 이뤄져야만 하는 것이라면, 그것은 궁극적인 일련의 연속된 결정을 의미한다는 점을 알지 않으면 안 된다."[27] 그런데, 이와 같은 궁극적인 결정에 따라 선택된 여러 가지 가치들 간에 우열을 정하는 객관적인 기준은 존재하지 않는다. 하나의 가치를 선택하더라도 그것을 일관되게 현실화하는 것은 곤란하다. 가령 실제로 선택된 가치에 반하는 것과 같은 수단을 사용할 수밖에 없게 되거나 선택된 가치에 반하는 것과 같은 부차적인 결과를 초래하는 사태에 직면하지 않을 수 없다.

　베버가 말하는 신념윤리(Gesinnungsethik)와 책임윤리(Verantwortungsethik)는 이와 같은 신들의 싸움에 대해, 인간이 취할 수 있는 실천적인 태도의 방식을 가리키는 것이라고 볼 수 있다.[28] 신념윤리는 자신이 선택한 가치에 대해 순수하게 헌신하고 자신의 행위가 초래하는 결과에 대해서는 고려하지 않는다는 태도이다. 반면 책임윤리는 자신이 선택한 가치에서 도출되는 실제적인 목적들 또는 그것들을 실현시킬 수 있는 모든 수단, 더 나아가 그것들이 초래할 수 있는 부차적인 결과들을 서로 저울질한다. 그 결과를 통해 자신의 행위에 대한 명석성을 갖고 나서야 비로소 사람은 실제의 행위에 대해 의도하지 않은 결과가 초래된다고 하더라도 '책임을 진다'는 입장에 설 수 있는 것이다. 이것이 책임윤리적인 태도라고 할 수 있다. 베버 자신의 논의에서는 후자인 책임윤리에 중점을 둔다. 다만 이 책의 맥락에서 보면, 책임윤리에서 책임은 결국 타자에 대한 책임일 것이라는 점이다. 이런 의미에서 독백(Monologue)과 같은 신념윤리와 달리 책임윤리는 대화(Dialogue)적인, 타자와의 관계성을 열어놓는 태도라고 볼 수 있다.[29] 그런데 여기에서 말하는 관계성은 서로 다투는 궁극적인 가치들 속에서 선택하는 인간들 사이에는 그 가치를 둘러싸고 중재하는 수단이 전혀 없다는 점을 전제로, 다시 말해서 양자 간에 철저한 이질성을 전제로 하고 있는데도, 그 양자 간에 성립할 수 있는 어떤 형태의 연결 방식을 가리키고 있는 것은 아닐까 하는 점에 주의하도록 하자.

[주]————————

1 베버에 관한 연구서로는 山之内靖, 『(岩波新書)マックス・ヴェーバー入門』(岩波書店, 1997), 嘉目克彦, 『ヴェーバーと近代文化の悲劇』(恒星社厚生閣, 2001), 金井新二, 『ヴェーバーの宗教理論』(東京大学出版会, 1991) 등을 참조.

2 이하 マックス ウェーバー, 『(岩波文庫)理解社会学のカテゴリー』, 林道義訳, 岩波書店, 1968(原著 1936), 87-92쪽; マックス ウェーバー, 『(岩波文庫)職業としての学問』, 尾高 邦雄訳, 岩波書店, 1936(原著 1919), 31-33쪽.

3 マックス ウェーバー, 『理解社会学のカテゴリー』, 91쪽.

4 マックス ウェーバー, 『職業としての学問』, 33쪽.

5 이하 マックス ウェーバー, 「世界宗教の経済倫理 中間考察」, 『宗教社会学論選』, 大塚久雄·生松敬三訳, みすず書房, 1972(原著 1920), 155-160쪽; マックス・ウェーバー, 『職業としての学問』, 34-35쪽.

6 マックス ウェーバー, 『宗教社会学論選』, 158쪽.

7 이하 マックス ウェーバー, 『(岩波文庫)プロテスタンティズムの倫理と資本主義の精神』, 大塚久雄訳, 岩波書店, 1989(原著 1920). 다른 일어 번역본으로 梶山力訳, 安藤英治編, 未来社刊도 있다.

8 マックス ウェーバー, 『プロテスタンティズムの倫理と資本主義の精神』, 185쪽.

9 マックス ウェーバー, 『宗教社会学』, 武藤一雄·薗田宗人·薗田担訳, 創文社, 1976(原著 1922), 220쪽.

10 マックス·ウェーバー, 『職業としての学問』, 53-74쪽.

11 뒤르켐에 관한 연구서는 宮島喬, 『デュルケム社会理論の研究』(東京大学出版会, 1977), 中島道男, 『(シリーズ世界の社会学·日本の社会学)エミール·デュルケム─社会の道徳的再建と社会学』(東信堂, 2001), 山崎亮, 『デュルケーム宗教学思想の研究』(未来社, 2001) 등을 참조.

12 エミール·デュルケム, 『(岩波文庫)宗教生活の原初形態(上·下)』, 古野清人訳, 岩波書店, 1941, 1942(原著 1912).

13 エミール デュルケム, 『宗教生活の原初形態(下)』, 204쪽.

14 エミール デュルケム, 「宗教の未来」, 『デュルケーム宗教社会学論集』, 小関藤一郎編訳, 行路社, 1998(原著 1914), 276쪽.

15 エミール デュルケム, 『宗教生活の原初形態(下)』, 276-297쪽.

16 같은 책, 297쪽.

17 이하 エミール デュルケム, 『(中公文庫)自殺論』, 宮島喬訳, 中央公論新社, 1985(原著 1897). 또 『自殺論』에 관한 연구서로서, 宮島喬, 『(岩波セミナーブックス)デュルケム「自殺論」を読む』, 岩波書店, 1989와 宮島喬, 『(有斐閣新書)デュルケム自殺論』, 有斐閣, 1979 등을 참조.

18 물론 『自殺論』은 1897년 출간된 책이고, 통계적 데이터 처리나 해석 방법에 문제가 없는 것은 아니지만, 뒤르켐이 최종적으로 이끌어낸 해석은 그러한 문제점을 제외하더라도 충분히 시사적이다.

19 エミール デュルケム, 『自殺論』, 247-248쪽.

20 같은 책, 270-271쪽.

21 같은 책, 302-304쪽, 315-317쪽.

22 같은 책, 317쪽.

23 같은 책, 361쪽.

24 숙명적 자살에 대해서 뒤르켐은 주석 가운데 잠깐 언급할 뿐이다.

25 エミール デュルケム, 「個人主義と知識人」, 『デュルケーム宗教社会学論集』, 35-53쪽. 참고로 미야지마 타카시는 여기에서 말하는 개인주의를 '사회화된 개인주의'라고 표현하고 있다. 宮島喬, 『デュルケム社会理論の研究』등을 참조. 또 미야지마는 여기서 말하는 관계성을 '이질성으로 인한 연대'라고도 표현한다(宮島喬, 『デュルケム「自殺論」を読む』, 187쪽).

26 エミール デュルケム, 『自殺論』, 485-504쪽.

27 マックス ウェーバー, 『社会学および経済学の「価値自由」の意味』, 松代和郎訳, 創文社, 1976(原著 1917/8), 40쪽.

28 신념윤리와 책임윤리는 기본적으로는 정치와 윤리의 관계라는 관점에서 논의되
는 것이다. マックス ウェーバー,『(岩波文庫)職業としての政治』, 脇圭平訳, 岩波書
店, 1980(原著 1919).

29 ヴォルフガング シュルフター,『現世支配の合理主義—マックス・ヴェーバー研究』,
米沢和彦・嘉目克彦訳, 未来社, 1984(原著 1980), 119쪽(原著 S.58 참조).

제2장

거시적 죽음, 미시적 죽음

죽음과 사별의 사회학

1. 파슨스, 의미학파와 죽음의 사회학

'죽음의 사회학'이라는 영역에서 고전이라면, 베이빗 서드노우 (David Sudnow)의『이 세상을 떠나는 것』(Passing On, 1967)과 바니 G. 글레이저(Barney G. Glaser)와 안젤름 L. 스트라우스(Anselm L. Strauss)의『죽음의 인식』(Awareness of Dying, 1965)일 것이다.[1] 두 연구 모두 1960년대, 미국의 병원에서 실지조사나 현장조사에 근거한 것이다. 당시 미국에서는 인종차별 반대운동, 여성해방운동, 소비자운동 등 일련의 시민운동이 사회적인 반향을 일으키고 있었다. 그 가운데 지금까지 의사와의 관계에서 흔히 약자의 입장이었던 환자들에게도 개인으로서의 인권, 다시 말해서 의료 서비스의 소비자로서 결정권이 보증되어야 한다는 의식이 생겨나기 시작했다. 전문가인 의사에게 의견을 낼 수 없는 아마추어로서 '지배'되는 것이 아니라 환자가 자신의 신체에 대한 의료 방식에 대해 스스로 결정해야 한다는 '환자의 자기결정권'에 대한 주장이 강하게 일어나게 된 것이다. 그러한 가운데 엘리자베스 퀴블러 로스(Elisabeth Kübler-Ross)의『죽음과 죽어감』(On Death And Dying, 1969)이 출간되면서, 죽음을 맞이하는 환자의 입장에 서서 임종케어의 중요성이나 호스피스의 의의에 대해 인식하게 되었다.[2] 미국에서도 1960년대 후반까지는 암이라는 사실을 고지하지 않는 것이 일반적이었지만, 70년대 후반이 되면서 거의 모든 의사들이 그 사실을 알리는 데 원칙적으로는 찬성하게 되었다. 더구나 1975년부터 76년에 걸쳐 이뤄졌던 카렌 앤 퀸란(Karen Ann Quinlan)의 연명치료 중단이라는 자연사를 둘러싼 재판은 하나의 계기가 되어, 환자가 자신의 죽음 방식을 스스로 결정지을 권리, 즉 죽음의 자기결정권을 둘러싼 논의가 활발하게 일어났다. 76년에는 말기상태에 있던 환자가 자신의 의지에 따라 연명치료를 중단할 수 있는 권리가 보장되었고, 캘리포니아주에서는 세계에서 최초로 자연사법이 제정되었다. 이러한 점들은 죽음의 방식 또는 죽기까지의 삶의 방식을 각자 스스로 결정짓는 것을 중시하려는 경향이 나타났다는 것을 말한다. 앞에서 언급했던 두 연구도 이상과 같은 사회적 경향을 배경으로 나왔다고 볼 수 있다.

그런데 사회이론이라는 관점에서 볼 때, 서드나우의 연구는 '민속방법론'(Ethnomethodology)이고 글레이저와 스트라우스의 연구는 '상징적 상호작용론'(Symbolic Interactionism)이라는 이론적 입장에 근거한 것이 된다. 일본에서는 양자를 다른 입장들과 함께 '의미학파'의 하나로 보는 경우가 많다. 그리고 이 의미학파는 미국에서와 마찬가지로 당시 세계적인 영향력을 갖고 있던 탈코트 파슨스(Talcott Parsons)의 '사회시스템 이론'에 대립하는 것으로 정리하는 것이 일반적이었다. '사회시스템 이론' 대 '의미학파'라는 이 대립은 여러 형태로 변형되어, '거시적 접근' 대 '미시적 접근', '규범적 패러다임' 대 '해석적 패러다임', '객관주의' 대 '주관주의' 등과 같은 대립의 도식으로 불렸다.[3] 각 도식에 따라 초점은 다르지만, 일반적으로 전자(사회시스템 이론 측)는 사회를 여러 행위자의 상호 의존적인 행위가 형성하는 하나의 전체, 즉 시스템으로 파악하고, 연구자의 입장에서 그 시스템이 사회규범을 기축으로 하여 균형상태를 유지해가는 틀을 객관적으로 파악하려고 한다. 이에 반해, 후자(의미학파 측)에서는 개별 행위자의 주관적, 능동적인 의미해석, 상황 정의를 현장조사 등을 통해 어느 특정 상황에 있는 행위자 자신의 입장에서 이해하려고 한다. 시스템 이론의 입장에서는 의미학파의 입장에 대해 사회를 단편화하고 사회의 전체적인 구조를 파악하는 것이 불가능하다고 비판하였고, 반대로 의미학파 입장에서는 시스템 이론에 대해 균형유지를 중시하려는 보수적이고 체제 옹호에 치우쳐 있으며, 또 개개의 행위자를 주체성 없는 '판단력 상실자'로 파악할 수밖에 없게 된다는 등의 비판을 가했다.

의미학파와 대립의 입장인 사회시스템 이론의 파슨스도 그 이론적 전개의 최종 단계에 해당하는 1960년대 후반부터 70년대에 걸쳐, 죽음의 사회학과 관련된 논의를 진행하고 있었다. 소박하게 생각해 보면, 파슨스는 사회, 문화시스템, 사회규범의 관점에서 죽음을 다루고 있는 반면, 의미학파는 죽어가는 개인의 입장에서 죽음을 다룬다는 구도를 예상할 수 있을 것이다. 기본적으로 이러한 생각이 잘못된 것은 아니지만 그리 단순하지 않다. 여기에서 논의의 대상은 미국에서 죽음을 둘러싼 '자기결정'이라는 사고방식이 점점 명확하게 나타나던 시기였다. 나중에 논의하겠지만, 일본 사회는 물론 현대사회에서 '자기결정'의 개념은 암 고지나 안락사의 문제를 거론할 필요도 없이 강한 영향력을 갖게 되었다. 파슨스와 의미학파의 이론에서는 죽음을 둘러싼 '자기결정' 개념의 여명기라고 할 수 있는 양상을 완전히 다른 시각에서 바라보고 기록하고 있다. 이 책의 관점에서는 양자 간의 논의를 결합하여 이해함으로써, '자기결정'이라는 그 개념에 내포되어 있는 문제성을 바로 그 '원초적 형태'에 두고서 실제로 보는 것이 가능할 것이라고 보고 있다.

2. '죽음 부정'의 부정

우선, 파슨스의 논의부터 보자.[4] 파슨스가 죽음에 대해 정리하여 논의한 것은 1960년대 후반부터 70년대에 걸쳐 쓰인 3편의 논문, 즉 「미국 사회의 죽음」(1978), 「삶의 선물과 그 반례」(1972), 「서양 세계에서의 죽음」(1978)이다.[5] 이 시기는 파슨스가 사회시스템 이론이나 AGIL이론이라는 이론적 장치를 구축하고서 당시 미국 사회의 여러 측면이나 서양 사회의 근대화에 대한 분석을 대하던 때였다. 그리고 1979년, 파슨스는 죽음을 앞둔 몇 년 동안 인간 존재의 기반을 포괄적으로 명확하게 하는 '인간의 조건 패러다임' 이론을 구축하고자 하였다.

당시 미국 사회의 죽음 양상에 대해 파슨스의 논점 가운데 가장 먼저 짚고 넘어가야 할 점은 '죽음 부정'의 부정이다. 나중에 보겠지만, 미국 사회뿐만 아니라 근대사회의 전반적인 특징으로서 죽음의 금기시, 즉 죽음의 은폐와 억압, 그리고 그 존재를 가능한 한 부정하려는 경향이 일반적으로 있었다는 점이다. 파슨스도 언급하고 있듯이, 미국에서 이뤄지는 시신의 방부처리(Embalming)나 메이크 업(Make up) 역시 시신을 마치 살아서 잠들어 있는 것처럼 연출하여 조문객들과 대면하도록 하는 사례로서, 죽음을 거부하는 하나의 경향으로 언급된다. '의미학파' 측에 속하는 서드나우도 1960년대 미국의 공립병원에서 이뤄졌던 현장조사를 통해, 그곳에서 죽음을 보여주지 않으려는 경향에 대해 보고하고 있다. 예를 들면, 임종기 환자를 1인실로 옮기거나 큰 입원실에 있던 환자가 돌연 죽는 경우는 "X레이를 찍으러 갑시다"라고 시신에게 말을 걺으로써, 마치 그를 살아있는 것처럼 위장하면서 밖으로 옮기기도 하였다. 또 아이의 경우에는 직원이 다른 아이들과 공 던지기를 하는 사이에 죽은 아이를 밖으로 옮기기도 하였고, 나중에 물어보면 "다른 병실로 옮겼어"라고 답하기도 했다. 이러한 모습은 되도록 병동에서 죽음을 보여주지 않으려는 태도로서 죽음의 존재를 부정하려는 경향이다.[6]

이에 대해 파슨스는 "죽음은 그것의 '부정'이 병리적인 것으로 간주되지 않으면 안 될 정도로 지극히 정상적이다"라고 기술하고 있다.[7] 파슨스는 인간 개체를 '생명 유기체'와 '인격 체계'(Personality System)가 결합한 것으로 본다. 생명 유기체로서의 개체는 조금씩 죽어가는 운명이지만, 전체로서의 '종'(種)은 개체의 죽음에도 불구하고 존속한다. 전체로서의 종이라는 관점에서 볼 때, 개체의 죽음은 유전적 형태가 갱신되고 환경에 대한 적응 능력이 상승한다는 의미로서 매우 '정상'적인 것이다. 마찬가지로, 인격 체계로서의 개체도 조금씩 죽어가는 운명에 있지만, 전체로서의 '사회, 문화 시스템'은 지속된다. 이러한 전체로서의 사회, 문화 시스템이라는 관점에서 볼 때, 개체의 죽음은 문화적 형태가 갱신되고 환경에 대한 적응 능력이 상승한다는 의미에서 마찬가지로 '정상'적인 것이 된다. 이렇게 보면, "개개인이 죽을 운명에 있다는 것은 인간 사회와 유기체로서의 종이라는 두 경우 모두에서 적극적인 기능적 의의를 갖는다."[8]

종 또는 사회, 문화 시스템이라는 '전체'적인 관점에서 볼 때, 개
개인의 죽음은 전체로서의 종이나 시스템의 유지, 존속에 기여하는
적극적인 기능을 갖는다는 이러한 논의는 어떻든 체계론적인 논의
로 받아들여질 수 있을 것이다. 그런데 파슨스가 이와 같이 말하는
배경에는 환경에 대한 적응 능력의 증대라는 논거를 넘어서, 미국
사회의 근본에 있는 독특한 가치관인 가치 시스템에 대한 신념이 있
다. 분명히 서드나우의 현장조사에서 나타난 것처럼 죽음을 부정하
려는 경향이 당시 미국 사회에서 보이고 있었다. 또 파슨스 자신도
기술하고 있듯이, 죽음을 앞에 둔 사람들이 큰 불안을 느끼거나 실
제로 죽음을 통해 남겨진 사람들에게 큰 정신적인 충격을 준다는 것
은 의심의 여지가 없다. 그러나 파슨스에 따르면, 미국 사회가 표면
적으로는 죽음을 부정하는 경향을 띠지만, 근본에 있는 가치 시스템
에 있어서는 죽음을 부정하는 것이 아니라 오히려 '죽음의 수용'으
로 향하고 있다는 것이다. 이러한 논지는 파슨스가 죽음에 국한하지
않고 미국 사회의 여러 가지 현상을 논할 때도 나타난다. 여기에서
말하는 미국 사회의 기저에 있는 가치 시스템이야말로 파슨스가 말
하는 '도구적 활동주의'(Instrumental Activism)나 '제도화된 개인
주의'(Institutionalized Individualism)와 다르지 않다.

3. 제도화된 개인주의

파슨스는 미국 사회에 구체적인 사회규범의 변동이라는 것이 있

다고 하더라도 그 기저에 있는 가치 시스템은 비교적 통합된 것으로 존재하고, 최근에는 기본적인 변화를 경험하고 있지 않다고 보고 있다. 그가 말하는 이 가치 시스템, 즉 '도구적 활동주의'에서 '도구적'이라는 것은 사회를 바람직한 '좋은 사회', '좋은 생활'의 실현을 위한 도구로 본다는 것을 의미한다. 또 '활동주의'란 그러한 '좋은 사회'의 건설, '좋은 생활'의 실현으로 향하는 개개인의 적극적이고 능동적인 활동으로서, 업적을 지속적으로 쌓아가지 않으면 안 된다는 것을 의미한다. 이 경우, 구체적인 상황에서 개개인이 무엇을 해야 하는가는 개개인의 자유재량에 맡겨져 있고 그의 책임으로 결정되어야 하겠지만, 자율적인 활동 자체는 '좋은 사회'의 건설을 향해 자율적으로 향해 가지 않으면 안 된다.[9]

이와 같은 미국 사회의 가치 시스템의 원천을 파슨스는 크리스트교적 전통 특히 프로테스탄티즘에서 찾고 있다. 그는 프로테스탄티즘의 진전, 특히 미국 사회의 전개에서 신의 '도구'로서의 인간은 신의 이상에 따라 현세를 개조하고, '지상에서의 신의 왕국'을 건설하기 위해 매진해야 한다는 사고 방식이 정착되어 있다고 보았다. 앞의 장에서 살펴보았던 베버의 논의처럼, 프로테스탄티즘은 세속 내 금욕이라는 생활 태도를 만들어 냈고, 이 생활 태도 자체가 점점 종교적 색채를 잃어가면서 사회의 탈종교화, 즉 세속화가 생겼다고 볼 수 있다. 그런데 파슨스에 따르면, 이러한 과정은 오히려 '세속 사회의 신성화'라고 간주되어야 한다는 것이다.[10] 즉, 종교적 요소가 희박해진 것이 아니라 오히려 종교적 근거를 명확히 자각할 필요가 없을 정도로 이미 그 본질적 부분이 사회 안에 뿌리를 내려서, 사람들

의 생활에 침투해 있다고 봐야 한다는 것이다. 앞의 장에서 살펴보
았던 베버의『프로테스탄트 윤리와 자본주의 정신』을 영어로 번역
하여 출간한 사람이 바로 파슨스이다. 그런데, 프로테스탄티즘이 근
대 사회에 초래한 귀결에 대해, 두 사람은 그 본질적인 부분에서 대
조적이라고까지 할 정도로 파악하는 방법이 다르다. 베버는 프로테
스탄티즘이 자신의 존재 의미를 공중에 매단 채 멈춰 서는 일이 없이
자동적으로 운전해 가는 합리적인 기구, 즉 '강철과 같은 단단한 틀'
과 같이 합리적인 질서를 생성하는 데 기여했다고 논하고 있다. 독
일에서『좀바르트(Sombart)와 막스 베버의 자본주의』란 제목으로
학위 논문을 구상하고 있던 20대의 파슨스는 베버의 이러한 비관적
인 견해에 대해 이미 위화감을 표명하고 있었다.[11] 그는 프로테스탄
트의 목사이며 교육자였던 아버지와 그런 가족적 배경에서 오는 영
향을 자인하고 있었다. '최후의 청교도'라고 불리는 그의 입장에서
볼 때, 프로테스탄티즘이 삶과 죽음의 의미상실을 초래했다고 보는
베버식 인식은 적어도 미국 사회에 있어서는 너무 비관적으로 파악
하는 것이라고 보았을 것이다.

파슨스는 여기에서 도구적 활동주의를 '제도화된 개인주의'로 바
꿔 말하고 있다. 제도화된 개인주의란 개인의 여러 욕망의 존재를
전제로 하면서 개인 상호 간의 공통항을 찾아내려고 하지 않는 공리
주의적인 개인주의와는 다르며, 앞에서 보았던 가치 시스템이라는
제도화된 틀 안에서 움직이는 개인주의를 말한다. 여기에서 개개인
은 자율적으로 활동하며 또 그렇게 활동하도록 촉구된다. 다시 말해
서, 제도화된 개인주의에서 개개인은 자신의 쾌락, 이익을 위하는

것만이 아니라 좋은 사회 건설을 위한 자신의 판단과 책임을 통해 자발적으로 공헌하는 것을 말한다.[12]

　그렇다면, 이러한 가치 시스템은 사람들의 죽음에 대해서도 독특한 의미를 부여하는 것으로 된다. 파슨스에 따르면, 크리스트교 전통, 특히 프로테스탄티즘에서 개인의 생명은 신으로부터의 선물, 즉 '생명의 선물'(gift of life)이라는 생각이 자리잡고 있다. 요즘은 장기 제공자가 수혜자(환자)에게 장기를 기증한다는 점에서 '생명의 선물'(생명 기증)이라는 말로 쓰이는 경우가 많다. 여기에서는 파슨스가 생명의 선물이라는 말을 더욱 넓은 의미로 '생(生)의 선물'이라는 의미로 사용하고 있다.[13] 이와 같은 생이라는 선물을 받은 개인은 선물을 가능한 활용하여 앞에서 서술했던 '지상에서의 신의 왕국'을 건설하는 데 매진하지 않으면 안 된다. 이런 행위를 도중에 좌절시켜 버리는 병이나 죽음은 바람직하지 않은 것이지만, "전 생애를 살면서 달성과 기여하는 데 방해하는 것을 이치에 맞는 방식으로 피한 사람의 죽음이라면 올바른 죽음이다."[14] 그리고 이와 같이 주어진 선물을 모두 활용한 사람의 죽음, 즉 "충분히 생을 다한 개인들의 죽음"은 "원래 받은 생이라는 기증품에 답례를 하는 것"으로 간주된다.[15] 이러한 죽음은 인생이라는 하나의 사이클을 완결시키고 완성시키는 것이다. 이러한 죽음에 대한 인식은 도구적 행동주의나 제도화된 개인주의라는 가치 시스템에도 계속 이어지고 있다고 말할 수 있을 것이다. 여기에서도 죽음은 받아들여야 하는 운명이고 이상적인 경우에는 인생의 완성, 완결을 의미하는 것으로 된다. 이러한 맥락에서 파슨스는 '활동주의적 긴장'에 대해, 인생을 하나의 도전적인 사업, 모종의 모험으로 간주하는 태도라고 기술하고 있다. 그리고 이와 같은 활동주의적 긴장이 널리 퍼질 때, "인간은 자신의 죽음과 다른 사람의 죽음에 대해, 이 알려지지 않은 미래가 무엇을 예시한다고 하더라도, 용기를 내어 그곳으로 들어갈 수 있다고 하는 정신을 갖고 그것과 마주하며 갈 수 있다는 생각을 하게 된다."[16] 죽음을 앞두고서도, '좋은 생활'이란 이념 하에 자신의 생활을 제어하고 용기를 갖고 미지의 죽음을 향해 더욱 마주하며 나아가는 것이 바로 활동주의적인 가치 시스템에 맞는 태도이다.

따라서 이와 같이 완성, 완결이라는 의미를 개인의 죽음이 가질 수 있다면, 그것을 근본적으로 부정해버릴 이유 같은 것은 없다는 것이 파슨스의 입장이다. 이런 점에서도 파슨스는 '죽음 부정'을 부정한다.

4. 생명의 선물과 의료 윤리

이 장의 모두에서 기술하였듯이, 파슨스가 위와 같은 논의를 전개하던 1960년대 후반 이후 70년대는 환자의 자기결정권 또는 죽음을 둘러싼 자기결정이라는 태도나 사고가 미국에서 대두되던 시기였다. 파슨스의 견해에서 볼 때, 이러한 상태나 사고가 퍼지는 것은 어떻게 설명할 수 있을까?

우선, 의료라는 행위에 대해 파슨스는 "'생이라는 선물'을 지키기 위한 수단과 수속의 특별한 집합"이라고 기술하고 있다.[17] 죽음이 최종적으로는 피할 수 없는 것이라도, 필연성이 없이 닥치는 너무 이른 죽음은 개인이 자신의 삶을 다하고 그 잠재적인 가능성을 충분히 끌어내는 데 장애가 된다. 이러한 관점에서 의료 행위는 각자가 받은 생명의 선물을 최대한 활용할 수 있도록 보호하고 지원하는 것이고, 앞에서 보았던 도구적 활동주의 또는 제도화된 개인주의라는 가치 시스템에 입각한 것이다. 의사가 환자의 생명을 구하고 설령 구할 수 없더라도 환자의 목숨을 가능한 한 지속시키고 연명시키려고 하는 것은 생명의 선물로서의 목숨을 보호하고 최대한 연장시키려는 행위이다. 의료의 목적이 이렇다면, 죽음은 결국 '의료 상의 패배'일 수밖에 없다. 거대한 생명유지 장치를 통해 마지막까지 목숨을 지연시키려는 광경을 눈으로 확인하면, "때로는 치료가 생이라는 '기증받은 선물'을 유지한다기보다 오히려 원하지 않는 고통을 증대시키는 것처럼 보인다."라고 파슨스는 기술하고 있다.[18]

　파슨스의 이러한 이해는 의료의 '연명 지상주의'가 환자를 '기계로 살리는' 상태로 만들거나 관투성이인 '스파게티 증후군'이라는 것과 같은 상태에 놓이도록 하는 것에 대한 시비의 형태로 논의되어 왔다. 또 이러한 현상에 대해, 연명을 지상의 가치로 하는 의사에게 통제되는 것이 아니라 바로 환자 한 사람 한 사람의 생각이 존중되어야 한다는 경향이 나타났고, 생명의 양(목숨의 길이)으로 모든 것을 판단하는 것이 아니라 생명의 질(Quality of Life)에 대한 개개인의 판단을 존중해야 한다는 분위기가 이뤄지게 되었다. 이러한 상황은 일반적으로 '의사의 전문가 지배' 대 '환자의 자기 결정권', '연명 지상주의' 대 'QOL의 존중'과 같이 두 항의 대립으로 파악되는 경우가 많다. 그렇다면, 파슨스의 경우는 어떤가?

앞에서 서술했던 것처럼, 그는 새로운 경향이 생겨나는 것에 대응하여 의료 윤리가 재구축되고 있다고 생각하고 있었다. "생겨나고 있는 의료 윤리를 '상대화된 윤리' 또는 베버가 말하는 의미로 책임 윤리라고 하자."라고 파슨스는 기술하고 있다.[19] 결국 의료는 생명유지라는 가치를 이전과 같이 지지하면서도 이미 그것을 절대적인 것이 아니라 상대화하였다. 다시 말하자면, 다른 가치관, 가령 환자 개개인의 가치관과 이치에 맞는 형태로 연관을 짓자고 하는 것으로 되었다. 더구나 임종 상태의 환자에 대해 파슨스는 다음과 같이 서술한다.

상대화된 윤리는 죽음의 완결적 의미를 인식하기 위한 질 높은 기반을 제공한다. 환자에게 피할 수 없는 죽음이 다가온다는 것을 치료의 실패라고 받아들일 필요는 없다. 환자가 존중받고 있다는 느낌이나 신변문제를 정리할 수 있도록 지원하고, 가족과의 관계를 다시 조율하도록 장려하며 죽음에 동반되는 괴로운 조건들을 개선하려는 의사들의 노력은 어떤 의미에서 본다면, 환자의 죽음을 촉진하는 것이기도 하다. 이러한 활동은 또한 환자들이 자신에게 주어진 '생이라는 선물'을 이용하는 것을 지원하는 것이기도 하다. 그러나 이때, 환자들은 죽음을 생리학적인 과정이라기보다 오히려 사회적·심리적 과정으로 인식하고 제어함으로써, 그 '선물'을 이용하고 있는 것이다.[20]

결국 여기에서 환자의 자기결정을 존중하는 것이나 환자가 죽음으로 향하는 과정에서 스스로 조절할 수 있도록 지원한다는 것은 환자 자신에게 주어진 생명의 선물을 충분히 활용하고 생을 완수할 수 있도록 하기 위한 행위인 것이다. 앞에서 '의사의 전문가 지배' 대 '환자의 자기 결정권', '연명 지상주의' 대 'QOL의 존중'이라는 두 항의 대립에 대해 서술했지만, 파슨스의 경우에 이 두 항은 대립하는 것으로 나타나지 않는다. 오히려 양자는 생이라는 선물을 보호하고 환자에게 각자의 생을 다하도록 하는 행위이다. 그의 견해에서 보면, 이 행위의 '수단', 보호의 수단은 두 항 가운데 전자에서 후자로 이행하는 것이 된다. 다시 생각해보면, '수단'은 바뀌어도 이 두 항이 생이라는 선물을 보호하는 행위라는 점에서 본질적으로는 다르지 않다. 그리고 이 양자의 공통 기반이 도구적 활동주의이고 제도화된 개인주의라는 가치 시스템이다. 파슨스는 다음과 같이 서술하고 있다.

> 결과적으로 이상적인 것은 죽음의 시기가 가까운 환자와 의사의 쌍방 역할에서…"그의 일은 완성되었다."고 하는 말의 의미가 일치하는 것이다. 즉, 환자 쪽은 '저 세상에 갈 준비가 되어' 있는 것이고, 의사 쪽은 환자의 생명을 '구하기' 위한 최선의 노력과 존엄하고 의미 있는 죽음의 실현을 위해 도왔다고 하는 상황이다.[21]

파슨스는 이러한 상황에서 나타나는 새로운 의료윤리를 베버가 말하는 의미에서의 책임윤리라고도 부를 수 있다고 기술하고 있다.

그런데 부언하자면, 파슨스가 책임윤리 또는 상대화된 윤리라고 하는 것은 앞에서 살펴보았던 베버의 책임윤리와 기저의 부분에서 그 경향이 다르다. 앞의 장에서 살펴보았듯이, 베버의 책임윤리는 사람들의 사고나 생활 태도에서 궁극적 근거가 되는 가치가 다양하고, 상호 이해하기 어려운 싸움 가운데 있다는 상황 인식을 배경으로 한다. 그것들의 가치에 우열을 매기는 것은 불가하고 결국 각 개인은 어느 것이 자신에게 있어서는 신이고, 어느 것이 악마인지를 고를 수밖에 없게 된다. 책임윤리는 사람들이 다른 궁극적인 가치를 선택했을 때, 그 가치에 대한 중재수단은 전혀 존재하지 않는다는 것을 전제로 하지만, 그렇더라도 양자 사이에 성립할 수 있는 어떤 종류의 관계성을 나타내는 것으로 간주할 수 있다. 파슨스가 말하는 책임윤리에 있어서도 예를 들면, 의사의 가치관과 환자의 가치관마다 상대화되어, 서로 맞서는 위치에 있는 것처럼 보인다. 그런데 양자의 가치관은 베버가 말하는 것처럼, 상호 이해하기 어려운 싸움 안에 있는 것이 아니라 오히려 서로 다르다고 하더라도 궁극적으로는 활동적 개인주의 또는 제도화된 개인주의라는 공통의 가치 시스템에 포함된다는 것이 파슨스의 관점이다.

환자의 자기 결정권 또는 죽음에 대한 자기결정이라는 태도나 사고에 대한 파슨스의 논의가 무엇을 나타내는 것인지는 거의 동시대 미국에서 보이는 같은 현상에 대한 '의미학파'의 분석을 그곳에 겹쳐봄으로써 보다 선명하게 알 수 있을 것이다.

5. 죽음의 정보에 대한 커뮤니케이션의 맥락

의미학파의 성과 가운데, 민속방법론(Ethnomethodology)의 서드나우의 논의에 대해서는 제5장에서 '사회적 죽음'이라는 개념을 둘러싸고 다루게 될 것이다. 여기에서는 상징적 상호작용론인 글레이저와 스트라우스의 논의에 대해, 이번 장의 모두에서 언급한『죽음의 인식』을 통해서 검토하고자 한다. 그들의 연구는 1960년대 전반까지, 샌프란시스코만의 연안에 위치한 6곳의 병원에서 이뤄진 현지 조사, 인터뷰 조사 결과에 근거한 것이다. 앞에서 살펴본 파슨스의 사회 시스템 이론은 '거대이론'(Grand Theory)이라는 비판을 받기도 했다. 이에 대해 글레이저와 스트라우스는 자신들의 입장을 '데이터에 근거한 이론'(Grounded Theory)이라고 하였다.[22] 이것은 어느 특정 현장에서 보이는 일반적인 현상에 대해, 그곳에서 수집된 자료를 통해 그 현장의 당사자도 이해와 활용이 가능한 형태로 추출된 이론을 말한다.『죽음의 인식』에서 이러한 이론의 중심축이 되는 것이 '상황 인식'(Awareness Context) 개념이다. 이것은 사회적 상호작용에 관여하는 한 사람 한 사람이 환자의 증상, 특히 이 경우는 환자가 죽을 가능성에 대해 무엇을 알고 있는지, 또 각자가 알고 있는 것을 다른 사람들은 어디까지 알고 있는지, 그리고 각자가 나름대로 생각하고 있는지 등이다. 다시 말하면, 이것은 죽음의 정보에 대한 커뮤니케이션이 그것에 따라 이뤄지게 되는 어느 정도 구조화된 상호 작용의 틀이다.

글레이저와 스트라우스는 먼저 의료직원과 환자라는 양자 간의 커뮤니케이션으로 초점을 좁힌 다음에 죽음의 정보를 둘러싸고 나타나는 네 가지 상황 인식, 즉 ① 폐쇄(Closed) ② 의심(Suspicion) ③ 상호 위장(Mutual Pretense) ④ 개방(Open)이라는 방식을 병원에서 수집된 자료에서 재구성했다.[23] ① 폐쇄형은 환자 이외의 모든 사람들은 환자의 절박한 죽음을 알고 있는데, 본인만 그것을 모르는 형태이다. 이러한 인식에서는 죽음의 정보가 직원에 따라 통제된다. 다만 환자의 신체 증상이 악화되면, 환자가 혼수상태에 빠지는 것이 빠른가 아니면 ② 의심을 품는 경우가 빠른가 하는 '혼수와 의심의 경쟁'이 생긴다. ② 의심형은 다른 사람들은 무언가 알고 있지 않을까 하고 환자가 의심하게 되고, 환자가 그것을 확인하거나 부인하려고 시도하는 형태이다. 이 상황에서는 자신의 병세에 의심을 품은 환자가 여러 가지 '정보입수를 위한 전술'을 사용한다. 예를 들면, 환자는 "나는 이제 살 수 없겠죠?"라고 말해보는 '대화의 함정'을 걸어보고, 그것에 대한 직원의 반응을 단서로 정보를 얻으려고 한다. 이와 같은 환자와의 '술책'에 대해, 간호사들은 심리적으로 심하게 긴장하게 된다. ③ 상호 위장형은 환자와 직원 쌍방이 죽음이 아주 가깝다고 판단하면서도 상대나 자신 모두 서로에게 그렇게 생각하지 않는 척하는 형태이다. 식사나 수면 등 안전한 화제로 대화를 한정하고 언제나 같은 일상이 계속되고 있다는 것을 연출한다. 이러한 형태에서는 의심형에서 볼 수 있는 긴장감은 완화되지만 사실에 근거한 솔직한 교류는 이뤄지지 않는다. 마지막으로 ④ 개방형은 환자와 직원이 사실을 서로 인정하고 공유된 인식을 바탕으로 비교적 개방적으로 행동하는 형태이다.

이상과 같은 네 가지 상황 인식을 이해하기 위해서는 앞에서 기술했듯이, 1960년대 미국에서 암, 특히 죽음에 대해 미리 알려주는 고지 행위가 일반적으로 이뤄지지 않았다는 사실을 확인해둘 필요가 있다. 이러한 점 때문에, 폐쇄, 의심, 상호 위장이라는 상황 인식이 문제가 된다. 그러나 또 다른 한편으로, 1960년대는 죽음을 둘러싸고 환자의 자기결정이라는 움직임이 강해지던 시기였다. 1970년대 후반이 되면서, 미국에서는 거의 모든 의사들이 암의 고지에 대해 원칙적으로 찬성하게 되었다. 글레이저와 스트라우스의 연구도 이와 같은 자기결정권의 존중이라는 움직임 속에 있었다고 볼 수 있을 것이다. 그들의 연구는 현장에서 얻은 자료를 바탕으로 하는 것으로서, 그 조건 하에서 현장 상황이 정리되어 보고되는 것으로 제한되어야 하겠지만, 실제로는 여기저기에서 죽음에 대한 정보를 알려주면서 환자나 가족이 솔직하게 교류하는 것이 바람직하다는 것, 그리고 정보를 얻고서 환자도 자신의 죽음을 마주하며 적극적으로 준비를 하는 것이 바람직하다고 서술되어 있다.[24] 죽음에 대한 연구에 한정하지 않고, 의미학파로 불리던 당시의 여러 유파들은 모두 불평등의 시정과 자기결정을 옹호하는 취지의 시민운동으로 상징되는 사회적 조류 안에 있었다고 볼 수 있다. 의미학파의 일련의 연구는 종래 '당연'한 것으로 생각되었던 제도나 행동 양식, 가치관 등이 사실은 사회적으로 구축된 것이라는 것을 구체적으로 밝혀주고 있고, 결과적으로 주체적 존재로서의 인간 또는 자신의 행동을 스스로 결정하는 인간 본연의 모습을 재인식하려는 기본적인 경향성을 가지고 있었다고 볼 수 있을 것이다.[25]

　이상과 같은 관점에서 보면, 글레이저와 스트라우스가 말하는 '④ 공개'라는 상황 인식에서는 죽음의 정보를 얻은 환자가 죽음에 이르기까지, 자기결정에 근거하여 자신답게 지내며 자신다운 죽음을 맞이하게 된다는 이미지가 포함되어 있는지도 모르겠다. 그러나 이하의 내용에서 주목하려는 것은 이러한 이미지에 모든 것을 포함할 수 없는 현상이 클레이저와 스트라우스에게서 마찬가지로 보고되고 있다는 점이다. 그들은 공개라는 상황 인식의 '애매함'에 대해 서술하고 있다. 예를 들면, 죽음이라는 사실이 알려지더라도, 이번에는 죽음에 이르기까지 양태(예후)가 어떠한지 또는 죽음에 이르는 기간(여명)은 어떤지 하는 것이 다시 정보관리의 대상으로 된다. 그리고 이러한 정보를 둘러싸고, 다시 폐쇄, 의심, 상호 위장이라는 상황 인식이 반복되어 나타난다. 또 죽음의 정보가 알려져서 자기결정이 가능하게 되더라도, 구체적으로 어떻게 죽음에 이르기까지 본연의 모습을 결정해 갈 것인가 하는 것에 대해 정해진 형태가 있을 리 없다. 그것에 어떠한 것이 바람직한가 하는 것에 대해서는 환자마다 다를 것이고, 그것과 의료직원이 바람직하다고 생각하는 것 사이에도 차이가 있을 수 있다.

　조금 앞서서 서술해본다면, 개방이라는 상황 인식의 애매함에 대한 이러한 글레이저와 스트라우스의 서술 내용은 앞에서 살펴본 파슨스의 논의와 의외의 형태로 결부되어 있다.

6. 미국적인 '용인된 죽음의 형태'

정보가 알려지고 자기 결정이 가능하게 되더라도, 기본적으로 죽음에 이르기까지 어떻게 살아가는 것이 올바른 생활 방식인가를 결정하는 규칙은 없다. 더구나 미국이 다민족 국가라는 점에서 문화적 다양성이 그러한 규칙의 성립을 더욱 어렵게 만든다. 이어서 글레이저와 스트라우스는 다음과 같은 사실을 보고하고 있다. 조금은 긴 내용이지만 인용해보자.

그렇더라도, 현실에서는 병원 직원이 모종의 암묵적 기준에 따라 죽어가는 환자의 행동을 판단하고 있다. 이 기준은 직원이 하는 일의 내용과 용기 있는 행동, 보기 흉하지 않은 행동에 대한 매우 일반적인 미국인의 사고방식인 두 방향과 관계되어 있다. 암묵적 기준에 포함되는 요소를 몇 가지 들어보자. 환자는 적절하게 침착함과 쾌활함을 가져야 한다. 적어도 존엄을 가지고 죽음을 대해야 한다. 살아있는 사람들에게 등을 돌려서 세상의 활동에서 자신을 분리해야 하는 것이 아니다. 오히려 계속해서 좋은 가정적인 사람이어야 하고, 다른 환자들에게 '친절'해야 한다. 가능한 한 병동 생활에 참가해야 한다. 자신의 케어를 담당하는 직원에게 협력하기 위해 노력하고, 가능한 한 그들을 곤란하게 만들거나 슬프게 하지 않는다 …… 등 이러한 대부분의 것들을 실행할 수 있는 환자는 존경받을 것이다. 이러한 환자는, 우리들의 용어로 말하자면, '용인되는 죽음의 형태', 더 엄밀하게 말하자면 '용인된 형태로 죽

어가면서 살아가는 것'을 실현하고 있다.[26]

개방적인 상황 인식에서 사람들은 기본적으로 자유롭게 살아간다. 그것에 표면화된 형태로 규칙이 있는 것은 아니다. 그러나 그것에는 '암묵적 기준', 암묵 속에 포함되어 있는 '용인된 죽음의 형태'가 존재한다. 다시 말하자면, 미국 사회에는 "사람은 죽음에 대해 의연하게 직면해야 한다는 교의"가 존재한다.[27] 환자가 이러한 교의에 걸맞지 않는 태도를 취할 때, 의료직원은 '용인되는 죽음의 형태'로 환자를 유도하려고 한다. 잘 달래거나 간단히 귀뜸하는 정도가 대부분이지만, 상황에 따라서는 지시나 질책, 이치를 따지거나 잔소리를 하게 된다. 이와 같이 죽음에 이르기까지 적극적으로 책임을 다해야 한다는 암묵적인 기준이 있기 때문에 그런 책임을 스스로 완전히 포기해버린 듯한 태도, 예를 들면 자살에 대해서 직원들은 냉담하다. 자살자에 대한 직원들의 동정심 결여나 혐오감은 기분이 나쁠 정도라고 글레이저와 스트라우스는 보고하고 있다.[28]

한편 자신을 조절하며 용기와 감사함을 갖고 죽어간 '용인된 죽음의 형태'를 구현한 사람들에게는 존경과 칭찬이 이뤄진다.

직원은 일반적으로 용기와 감사의 마음을 남기며 생애를 마감한 환자를 높이 평가한다. 이것은 단지 이런 환자 쪽이 자제도 하고 정신적으로 부담이 되지 않기 때문만은 아니다. 순수한 존경과 동정, 그리고 전문가로서 상대에게 도움을 줄 수 있었다는 충실감을 느끼도록 해주기 때문이다. 부적절한 행동을 하는 환자는 비극적인 상황에서 동정은 받아도 존경받지는 못한다. 환자는 자신이 죽어간다는 것을 *알고 있을* 때, 어떤 죽음으로 향하는 자신을 세상에 알리려고 한다. 그리고 그 기준이 제각각이거나 명확하지 않더라도, 어떤 기준에 따라 환자의 행동을 판단하지 않을 수 없는 것이다. 용기와 불굴의 정신으로 죽음에 맞서는 환자의 경우는 사후에도 오랫동안 직원들의 칭찬을 받기도 한다. 직원이 이런 반응을 보여주는 것은 탁월한 인간에 대한 존경뿐만 아니라 완벽에 가까운 죽음의 드라마에 자신도 참여할 수 있었다는 것에 대한 감사의 표현이기도 하다.[29]

여기에서 기술되고 있는 '용인된 죽음의 형태', 즉 용기를 갖고 죽음에 맞서고, 존엄에 찬 태도로 주위에 대한 감사도 잊지 않고, 다른 환자와의 커뮤니케이션에 적극적으로 관여하고, 직원에게도 협력적이어서 그들에게 결과적으로 충실했다는 느낌을 남기고 가는 형태, 이것은 앞에서 살펴봤던 파슨스의 논의, 즉 도구적 활동주의라는 가치시스템에서의 죽음의 이미지를 상기시키는 것이 아닐까? 파슨스도 죽음을 수용하고 용기를 내어 죽음에 맞서면서, 자신에게 주어진 '생이라는 선물'을 가능한 한 이용하려고 하는 태도와 그러한 태도를 지원하는 의사들 역시 '그의 일은 완수되었다.'고 하는 느낌을 공유할 수 있는 이러한 죽음의 형태에 대해 긍정적으로 묘사하고 있다. 미국 사회에서는 죽음을 앞두고, 파슨스가 말하는 '충실한 삶'(full life)을 살아가는 것이 바람직한 태도라고 생각한다. "충실한 삶을 살지 못하고서 죽음을 수용한다는 것은 있을 수 없다는 가치

관을 강조하는 것이 미국 사회"인 것이다.[30]

어쨌든 미국적인 '용인된 죽음의 형태'를 글레이저와 스트라우스가 어떤 억압적이고 강제력을 지닌 틀과 같은 것으로 묘사하려는 것은 아니다. 이 점에 대한 기술로 한정해보면, 그들의 보고는 담담하게 실정을 기록해가는 것으로 되어 있다. 여기에서 보고 알 수 있는 것은 '자기결정'이 강조되기 시작하던 당시 미국 사회에서 임종 과정에 있던 사람들이 주체적이고 자발적으로 '용인된 죽음의 형태'로 살아가려고 했다는 점, 그리고 어떤 때에는 그렇게 살도록 요구하거나 설득하고 유도하는 상황이기도 했다는 것이다.

7. 미시적 – 거시적 연결

이번 장의 모두에서, 예를 들면 '거시적 접근' 대 '미시적 접근'이라는 사회이론에서의 사고방식의 대립에 대해 서술했다. 지금까지 살펴봤던, '사회 시스템 이론'과 '의미학파'도 이러한 두 항의 대립적인 도식 하에 정리되는 경우가 많다. 그리고 1980년대 이후, 사회이론에서는 이렇게 두 항의 대립적인 관계에 접근할 때, 어떻게 연결 다리를 놓을 것인가 하는 것이 반드시 의식적으로는 아니더라도 공통의 이론적인 과제로 되었다. 프랑스 피에르 부르디외(Pierre Bourdieu)의 '아비투스'(Habitus) 개념, 영국 앤서니 기든스(Anthony Giddens)의 '구조화' 이론, 그리고 다음 장에서 다룰 노르베르트 엘리아스(Norbert Elias)의 '관계구조'(Figuration) 이론 등 또한 이런 시도의 일환이라

고 볼 수 있다. 이것들을 총괄해서 '미시적-거시적 연결'을 탐구하려
는 시도라고 할 수 있겠다.[31]

　그런데 여기에서 다시 생각해볼 점은 이와 같이 '연결'(link)로 탐
구되는 두 가지의 접근이 원래 두 항의 대립으로 정리될 수 있는가
하는 점이다. 예를 들면, 파슨스의 거시적 접근의 입장은 균형 유지
를 중시하는 보수적이고 체제 옹호적인 면에 치우쳐 있고, 개개의
행위자를 단지 주체성이 없는 '판단력 상실자'로 파악할 수밖에 없
다는 비판을 받아왔다. 그러나 파슨스는 자신의 정치적 입장을 '중
앙보다 왼쪽'인 진보적이라고 자인하고 있었고, 대통령 선거에서도
대체로 민주당 후보를 지지했던 것으로 알려져 있다.[32] 또 이번 장의
논의에 한정해 보더라도, 파슨스는 오히려 개개인의 자율성·자발성
을 중시하였다는 것이 분명하다. 한편, 의미학파의 미시적 접근의
입장은 사회를 단편화함으로써 사회의 전체적인 구조를 파악하는
것이 불가능하다는 비판을 받았다. 그런데 이번 장의 논의에 한정해
보더라도 이러한 점 역시 글레이저와 스트라우스의 논의는 단순히
개인의 마음속에서 생겨난 것을 다루는 것이 아니라 오히려 개인이
편입되어 들어가 있는, 어느 정도 구조화된 인식의 맥락을 다루는
것이었다.

　이번 장에서 논의되었던 내용에 한정해서 본다면, 사회 시스템 이
론과 의미학파는 언급하는 직접적 대상이 다르다고는 하지만, 결국
은 같은 사회적 경향을 시야에 두고 있다고 볼 수 있다. 즉, 양자의
논의는 1960년대부터 70년대에 걸쳐 미국에서 여명기였던 죽음을
둘러싼 '자기결정'의 사상과 실천의 양상을 완전히 상반된 각도에서

각각 기록하고 있는 것이라고 해도 좋을 것이다. 양자의 논의를 중첩시켜 보면서 다음과 같은 점을 확인해보자.

죽음을 둘러싼 '자기결정'이라는 생각은 죽음에 이르기까지의 삶의 존재 방식을 개개인의 판단에 맡기는 것이다. 그 의미를 보면, 구체적으로 결정되는 내용은 개개인에 따라 다양하게 될 것이고, 사람들의 태도를 정해진 틀에 맞춰 끼워놓고 균질화되는 것을 말하는 것이 아니다. 다만, 이러한 다양한 활동들은 완전히 자의적인 판단을 아무렇게나 모은 것이 아니라 오히려 일정한 가치시스템(파슨스가 말하는 도구적 활동주의 또는 제도화된 개인주의)을 전제로 하고 거기에 포섭되는 경우가 있다. 여기에서 자기결정이라는 이름 하에 종의 공동성이 형성되어 있다고 말할 수도 있을 것이다. 물론 이러한 공동성에 사람들이 자율적·자발적으로 적응해 가려고 하는 경우가 있다. 실제로 자기결정의 내용이 다양하더라도 그것에 있는 종의 공동성은 형성된다. 그 효과로서 그것에는 공동성의 기축이 되는 가치에 맞는지 어떤지를 재는 암묵적인 기준(글레이저와 스트라우스가 말하는 미국적인 '용인되는 죽음의 형태')이 생성된다. 그리고 결과적으로 공동성의 안과 밖이 생기고, 공동성에 맞지 않는 '용인되지 않는' 삶의 형태를 교정하거나 배제하는 힘이 생기게 된다.

시스템 이론과 의미학파의 성과는 서로 연관되어 있으면서 위와 같이 죽음을 둘러싼 '자기결정'의 '원초형태'라는 구체적인 하나의 양상을 극명하게 부각시키고 있다고 말할 수 있을 것이다.

[주]————————————

1 일역은 각각, デヴィッド サドナウ, 『病院でつくられる死──「死」と「死につつあること」の社会学』, 岩田啓靖·志村哲郎·山田富秋訳, せりか書房, 1992(原著 1987), B. G. グレイザー·A. L. ストラウス, 『「死のアウェアネス理論」と看護──死の認識と終末期ケア』, 木下康仁訳, 医学書院, 1988(原著 1985)이다. 또, 두 책을 언급한 예는 森岡正博, 「overview「死」と「生命」研究の現状」, 『(岩波講座現代社会学14)病と医療の社会学』, 岩波書店, 1996, 223-238쪽.

2 エリザベス キューブラー·ロス, 『(中公文庫)死ぬ瞬間──死とその過程について』, 鈴木晶訳, 中央公論社, 2001(原著 1969).

3 이들 대립 도식에 대해서는, 下田直春, 『社会学的思考の基礎──社会学基礎理論の批判的展望(増補改訂)』(新泉社, 1981), 山口節郎, 『社会と意味──メタ社会学的アプローチ』(勁草書房, 1982) 등 참조.

4 파슨스의 사회학을 둘러싼 연구서로, 高城和義, 『パーソンズとアメリカ知識社会』(岩波書店, 1992), 油井清光, 『Sekaishiso Seminar)パーソンズと社会学理論の現在──T·Pと呼ばれた知の領域について』(世界思想社, 2002), 富永健一·徳安彰編著, 『パーソンズ·ルネッサンスへの招待──タルコット·パーソンズ生誕百年を記念して』(勁草書房, 2004) 등 참조.

5 일역은 각각, タルコオト パーソンズ, 「アメリカ社会における死」, エドウィン·S. シュナイドマン編, 『自殺の病理──自己破壊行動』, 大原健仕郎·岩井寛·本間修·小幡利江訳, 岩崎学術出版社, 1971(原著 1967), 125-159쪽; タルコオト·パーソンズ, 「「生という贈り物」とその返礼」, 『宗教の社会学──行為理論と人間の条件第三部』, 徳安彰·挟本佳代·油井清光·佐藤成基訳, 勁草書房, 2002(原著 1972), 173-240쪽; タルコオト·パーソンズ, 「西洋世界における死」, 『人間の条件パラダイム──行為理論と人間の条件第四部』, 富永健一·高城和義·盛山和夫·鈴木健之訳, 勁草書房, 2002(原著 1978), 11-50쪽. 3편의 논문 중 최초의 논문은 ヴィクター M. リッツ와 공저, 두 번째 논문은 ルネ C. フォックス, ヴィクター M. リッツ와 공저이다. 또, 파슨스의 의료사회학을 다룬 연구서로서 高城和義, 『パーソンズ 医療社会学の構想』(岩波書店, 2002) 참조.

6 デヴィッド サドナウ, 『病院でつくられる死』, 75-90쪽.

7 タルコオト パーソンズ, 「西洋世界における死」, 42쪽.

8 タルコオト パーソンズ, 「「生という贈り物」とその返礼」, 176쪽.

9 タルコオト パーソンズ, 『社会構造とパーソナリティ』, 武田良三·丹下隆一·清水英利·小尾健二·長田攻一·川越次郎訳, 新泉社, 1985(原著 1964), 206-216쪽, 258-265쪽, 318-320쪽.

10 タルコオト パーソンズ, 「西洋世界における死」, 21쪽. 또, 이 논점에 대해서는 進藤雄三, 「パーソンズにおける「世俗化」の問題」, 『社会学史研究』, 第二十一号(日本社会学史学会, 1999), 15-24쪽 참조.

11 파슨스의 사상에서 베버의 위치에 대해서는, 高城和義, 『パーソンズとウェーバー』(岩波書店, 2003) 참조.

12 파슨스는 제도화된 개인주의를 앞 장에서 살펴본 뒤르켐이 말하는 개인주의와 겹쳐 놓고 있다. 다만, 뒤르켐이 말하는 개인주의가 분업화가 진행된 후의 개개인 상호의 이질성을 전제로 하는 것인데 반해, 파슨스가 말하는 제도화된 개인주의에서는 표면적으로는 이질적이어도 기저의 부분에서 동질적인 가치를 공유하고 있는 개개인이 전제로 되어있고, 이 책의 해석에서 보자면, 이러한 점에서 뒤르켐과의 차이가 느껴진다.

13 미국에서 장기이식은 1980년대에 들어서면서 본격적으로 보급되었고, 파슨스가 이러한 논의를 하던 시기는 그 태동기였다. 파슨스는 생명의 선물을 논하기에 앞서 장기이식을 언급하고 있으며, 나아가 본래 신만이 줄 수 있는 생명의 선물을, 장기 제공자라는 한명의 인간이 행하는 것이 장기 제공자, 수혜자, 가족 사이에 독특한 정서적인 관계, 서로를 속박하는 듯한 관계를 일으키는 경우가 있다고 서술하고 있다(タルコオト パーソンズ, 「「生という贈り物」とその返礼」, 238쪽). 장기이식이 충분히 보급되어 있다고 하는 미국에서 익명의 장기제공이라는 원칙에 저항하여, 수혜자와의 접촉을 요구하는 제공자의 유족이 나타나고 있다. 이러한 점으로 보면, 1970년대 파슨스의 지적은 역시 그의 혜안을 나타내는 것이라고 볼 수 있다.

14 タルコオト パーソンズ, 「アメリカ社会における死」, 140쪽.

15 タルコオト パーソンズ, 「「生という贈り物」とその返礼」, 179쪽.

16 タルコオト パーソンズ, 「西洋世界における死」, 40쪽.

17 タルコオト パーソンズ, 「「生という贈り物」とその返礼」, 202쪽.

18 같은 논문, 217쪽.

19 같은 논문, 222쪽.

20 같은 눈문, 224쪽.

21 같은 논문, 226-227쪽.

22 글레이저와 스트라우스의 방법론적 입장에 대해서는, B. G. グレイザー・A. L. ストラウス, 『データ対話型理論の発見——調査からいかに理論をうみだすか』(後藤隆・大出春江・水野節夫訳, 新曜, 1996 [原著 1967]) 참조. 又, 그들의 논의를 해설한 것으로, 藤澤三佳, 「A・ストラウスの多元的相互作用論検討——死の軌跡、死の意識のコンテクストを中心に」(『ソシオロジ』, 第三十三巻第三号, 社会学研究会, 1989, 79-94쪽) 참조.

23 B. G. グレイザー・A. L. ストラウス, 『「死のアウェアネス理論」と看護——死の認識と終末期ケア』, 29-109쪽.

24 예를 들면, 같은 책, 30-31, 79-80, 138-139, 174쪽.

25 那須壽, 『現象学的社会学への道——開かれた地平を索めて』, 恒星社厚生閣, 1997, 99-108쪽.

26 B. G. グレイザー・A. L. ストラウス, 『「死のアウェアネス理論」と看護——死の認識と終末期ケア』, 89쪽.

27 같은 책, 91쪽.

28 같은 책, 86쪽.

29 같은 책, 92-93쪽.

30 글레이저와 스트라우스가 언급한 파슨스의 논문은 앞에서 언급한 「アメリカ社会における死」의 기반이 되는 같은 제목의 논문(American Behavioral Scientist, 6, 1963 수록)이다. 앞의 책『「死のアウェアネス理論」と看護ー死の認識と終末期ケア』, 132쪽(일역에는 문헌명이 생략되어 있다. 原著 126, 129쪽 참조).

31 미시적ー거시적 링크를 둘러싼 문제에 대해서는 이하의 문헌 참조. 浜日出夫, 「ミクロ社会学とマクロ社会学」, 碓井崧·丸山哲央·大野道邦·橋本和幸編, 『(有斐閣ブックス)社会学の理論』, 有斐閣, 2000, 314-329쪽; ジェフリ C.アレグザンダー·ベルンハルト ギーゼン·リヒャルト ミュンヒ·ニール J.スメルサー編, 『ミクローマクロ·リンクの社会理論』, 石井幸夫·内田健·木戸功·圓岡偉男·間淵領吾·若狭清紀訳, 新泉社, 1998 (原著 1987).

32 高城和義, 『パーソンズとアメリカ知識社会』, 226-227쪽.

죽음과 사별의 사회학

제3장

'닫혀진 인간'의
죽음

죽음과 사별의 사회학

1. 엘리아스와 죽음의 사회학

앞 장에서 다룬 서드나우와 글레이저, 스트라우스의 저술과 함께 죽음의 사회학에서 고전이라고 언급될 수 있는 것은 노르베르트 엘리아스의 저술이다. 글레이저와 스트라우스, 그리고 서드나우의 저작이 병원에서 죽어가는 환자, 의료인, 가족의 관계 양상을 상징적 상호작용론과 민속학적 방법을 이용하여 해명한 것이라면, 엘리아스의 업적은 '문명화의 과정'이라고 하는 사회 전체를 덮는 역사적 과정 안에 죽음을 위치하도록 하였다는 점이 특징이다. 또 앞 장의 말미에서 서술한 것처럼, 엘리아스의 사회학은 거시적 접근과 미시적 접근을 가교하는 '관계구조'(Figuration)[1]라는 개념을 중심축으로 하였다.

그런데 엘리아스가 죽음의 사회학을 본격적으로 논의한 것으로는 독일어로 쓰인 「죽어가는 자의 고독」(1982)과 영어로 쓰인 「노화와 죽음 - 그 사회학적 제문제의 고찰」(1985)이라는 두 편의 소논문이 있을 뿐이다.[2] 이 소논문은 간결하다는 점에서 엘리아스의 다른 논의들, 예를 들면 '문명화의 과정'과 같이 그의 역사관이나 '관계구조'와 같이 그의 사회관과 어떻게 연관되는가 하는 점은 선명하게 보이지 않는다. 이번 장의 첫째 목적은 이 두 편의 소논문 내용을 염두에 두고 거꾸로 그 실타래를 풀어서, 엘리아스의 다른 저작들과 엮어가는 데 있다. 이러한 작은 작업을 거친 뒤에야 엘리아스의 죽음의 사회학이 그 본래의 모습을 드러낼 수 있을 것이다.

둘째 목적은 엘리아스가 두 편의 소논문에서 비판적으로 언급하고 있는 '죽음의 사회사'의 고전적 연구, 필립 아리에스의 문헌과 대조한 내용을 바탕으로 엘리아스의 특징적인 논의를 되짚어 보는 것이다. 이 두 사람의 비교는 단순히 비교 검토를 넘어서, 현대사회의 죽음의 양상을 고찰한다는 점에서도 중요한, 어떤 논점의 소재를 제시해줄 수 있을 것이다.

2. 고기와 나이프

엘리아스의 문헌들은 전체적으로 볼 때, 일종의 '주제와 변주'를 이룬다는 점이 인상적이다. 그의 주된 저서인 『문명화의 과정』에서 (일단 예의를 대상 영역으로) 제시한 '문명화 이론'을 '주제'라고 한다면, 여가, 스포츠, 시간, 감정, 과학, 상징, 아웃사이더, 모차르트, 회화와 같은 영역을 다루는 다른 문헌들은 그 주제의 '변주'로 할 수 있다.[3] 죽음의 사회학도 예외가 아니다. 우선 '변주'로서의 죽음의 사회학을 '주제'인 문명화 이론과 연관시키는 작업부터 시작해보자.

엘리아스의 논의 가운데 하나의 특징은 매우 신변적이고 사소하다고 생각되는 일에서 출발하여, 그것을 사회의 장기적인 변동이라는 맥락 속으로 다시 놓아간다는 점이다. 예를 들면, 우리들은 평소에 소, 돼지, 닭과 같은 다양한 고기를 먹는다. 어린이들이 "이건 죽은 동물의 고기인가요?"라고 어른들에게 묻는 경우도 있지만, 보통 그 자체에 어떤 의문을 갖는 일을 별로 없을 것이다. 우리가 평소에 먹는 고기가 도살된 동물의 시체라는 것은 분명한 사실이다. 그러나 그러한 사실을 우리는 평소에 거의 의식하지 않는다. 오히려 아이가 별다른 생각 없이 사실을 지적하는 것에 대해 반감을 갖는다. 엘리아스는 이러한 무심한 감각 속에 '문명화'라는 역사 과정의 흔적을 찾아낸다.

식탁 예법, 배설 예법, 침·콧물의 처리법, 침실 예법과 같은 매너나 예의범절의 역사적 변천이 다뤄지는 '문명화의 과정'에서, 엘리아스는 '고기 먹는 법'에도 조명을 비추고 있다.[4] 중세 유럽에서 상류계층의 식탁에는 날개 붙은 새를 그대로 내놓거나 사냥감 그대로 또는 커다란 고깃덩어리인 채로 내놓는 것이 통상적인 일이었다. 손님 앞에서 그것을 잘 썰어 보이는 것이 주인의 임무로 여겨졌다. 그러나 시대가 지나면서 이러한 역할은 '사회생활의 무대 뒤'에 있는 요리사가 담당하게 되었다. 이렇게 고기 요리에서 죽은 동물, 살해된 동물을 연상시키는 요소는 철저히 배제되어 갔다.

'나이프 사용법',[5] 중세에는 나이프를 입으로 가져가거나 이쑤시개 대신 쓰더라도 일부러 그것을 꾸짖는 일이 없었다. 그러나 중세 말기가 되면, 자신의 얼굴에 나이프를 향하게 하지 않는 것이 매너였다. 시대가 더 지나면서 나이프의 끝을 타인 쪽으로 향해서 건네주면 안 되었다. 이러한 매너는 나이프로 상처를 입을 위험성을 피하기 위한 것이라고 말할 수도 있을 것이다. 그러나 이러한 위험은 사실 미미한 것이다. 오히려 폭력과 죽음을 연상시키는 듯한 동작을 사회생활의 무대로부터 배제하고자 하는 경향성이 나타났다고 볼 수 있다.

죽음과 폭력을 연상시키는 것에 국한되지 않는다. 중세로부터 근세를 거치면서, 춤추는 곳이나 복도에서 대소변을 보는 것, 식탁 위에 침을 뱉는 것, 모자와 팔로 콧물을 닦는 것과 같은 행위들을 타인 앞에서 하는 것에 대해서도 점차 꺼리게 되었다. 인간의 동물적인 측면을 드러내는 것과 같은 충동이나 행동에 대한 불쾌감, 수치심이 시대가 지나면서 서서히 확대되어 갔다. 그리고 그것에 동반하여 인간의 동물적 측면은 사회생활의 무대에서 무대 뒤로 퇴장하였다. 죽임과 죽음을 초래하는 폭력은 인간의 동물적 측면을 가장 강하게 드러내는 요소이며, 그런 이유로 그것을 연상시키는 것 또한 완전히 배제되었던 것이다.

이러한 역사적 변천을 엘리아스는 '자기통제' 방식의 변화로 설명한다. 충동, 욕망이 끌리는 대로 행동하며 격한 감정을 폭발시키는 것이 일상적이었던 시대에 자신을 억제한다는 것은 외부로부터 폭력적으로 위협받거나 생명의 위험에 놓이게 되는, 즉 강제적으로 어쩔 수 없는 경우에 이뤄지던 일이었다. 이러한 방식의 자기통제가 일반적이었던 시대에서는 인간의 동물적 측면에 대해 혐오감을 일으키는 범위도 한정되어 있었다. 그러나 시대가 지나면서, 사람은 외부의 강제가 아니라 자신의 내면으로부터 자동적으로 충동과 욕망을 억제하게 되었다. 외부로부터 처벌받거나 비난받는 일이 없어도 또는 타인이 옆에 없더라도 사람은 자기 내부의 소리에 따라 자신을 제어하게 되었다. 이러한 방식의 자기통제가 일반적으로 된 시대에는 인간의 동물적 측면에 대해 혐오감을 일으키는 범위가 확대된다. 타인의 동물적 측면에 대해서는 불쾌감, 자신의 동물적 측면에 대해서는 수치심이 자동적으로 느껴지게 되는 것이다. '문명화'란 우선 이러한 자기통제 방식이 일정 방향으로 변화한다는 것을 의미한다.

3. 힘의 독점, 죽음의 격리

그런데 엘리아스의 문명화 이론의 특징은 사회적, 역사적 상황 속에 자기통제 장치의 변화를 편입시킨다는 점에 있다. 유럽의 중세 전기는 비교적 독립된 영주, 기사들이 자신들의 영지를 다스리고, 공공연하게 폭력을 내세우며 서로 투쟁하고 영지 확대를 꾀하던 상황이었다. 이런 상황에서는 공격욕을 뽐내고 잔인하게 행동하는 것이 오히려 살아남기 위한 적절한 전략이었다. 그러나 중세 후기로부터 근세에 걸치면서, 권력은 점점 강력한 영주에게 집중되고 다시 절대적 지배자의 궁정으로 집중되었다. 왕의 사적 독점은 국가의 공적 독점으로 변모해 갔다. 이러한 중앙집권화의 진행에 따라 군사력(육체적 폭력) 및 징세권(경제적 폭력)을 행사하는 권한은 집중되었다. 폭력을 행사하는 권리가 국가에 독점됨으로써, 적어도 국가 내부에서는 어느 정도 생활의 안정과 안전성이 확보된 것이다.

그리고 중앙집권화가 진행되면서, 생산자와 소비자는 길게 연쇄적으로 이어졌다. 원거리 간 생산물 수송을 통해 물자가 유통되는 오늘날의 경제 형태는 이전의 자급자족적이고 지역적으로 한정된 경제 형태를 대신하며 서서히 우세하게 되었다. 강도와 약탈이 횡행하던 상황에서는 현대적 의미의 경제가 성립되기 어렵다. 생활의 안정과 안전성이 보증되어서야 원격지를 상호 연결하는 경제적 네트워크가 발전할 수 있다. 그리고 그러한 네트워크 안에서는 인간 상호의존의 범위가 확대되고, 기능분담(직업 전문화, 분업 진전)도 고도화된다. 비슷한 사태는 권력 기구 내부에서도 생긴다. 충동, 욕망에 몸을 맡겨 멋대로 행동하는 것이 허용되던 예전의 영주들과는 다르게, 궁정 사회에서 왕은 궁정의 귀족과 시민계층으로 이루어지는 네트워크 안에서 자신의 행동을 규제해야만 했다.[6] 권력 기구가 복잡해지고 기능분담의 정도가 높아질수록 지배자와 피지배자의 상호의존 범위도 확대되는 것이다.

즉, 엘리아스의 주장은 국가의 폭력 독점이 인간 상호 네트워크로서의 '짜맞춤'(Verflechtung)을 (기능분담 확대라는 의미에서) 긴밀화하고 또 그 범위를 확대시킨다는 것이다. 사람은 이러한 네트워크의 짜맞춤 속에서 그때에만 단기적으로 충동이나 흥분에 몸을 맡기고 있을 리가 없다. 오히려 네트워크가 확장되면 장기적이고 대국적인 견지에서 자신의 행동을 항상 안정된 형태로 통제하지 않으면 안된다. 이 점이 인간 내부에 '이성'이라고 하는 자동적 자기통제 장치를 만들어내도록 하는 유인이 되었다. 자기통제 방식의 변화에 대한 논의는 이러한 형태로 사회적·역사적 상황을 둘러싼 논의 가운데 편입되어, 전체적으로 엘리아스의 '문명화 이론'을 형성하게 된다.

문명화는 죽음의 형태에도 변화를 가져온다. 이미 폭력적으로 살해된다는 죽음의 이미지는 일반적인 것이 아니다. 폭력이 국가에 독점되고 안전성이 어느 정도 확보된 사회에서 떠오르는 죽음의 이미지는 병이나 노쇠로 인해서 편안하게 침대에서 죽는 것이다. 이러한 이미지에서 죽음은 언제 어느 때에 폭력적으로 덮쳐올지 모르는 것이 아니라 오히려 의학적으로 어느 정도 통제가 가능하며 뒤로 미루는 것도 가능한 것으로 여겨진다. 평균 수명이 늘어나는 것과 함께 이제 사람들은 죽음을 '먼 저편'에 있는 것으로서 당분간 멀리 둘 수 있게 되었다.[7]

앞에서 살펴보았듯이, 자동적인 자기통제 장치가 인간 내부에 형성되어 인간의 동물적 측면에 대한 혐오감이 고조됨에 따라 죽음도 억압의 대상이 되었다. 이것은 죽음을 멀리하고자 하는 사람들의 경향에 박차를 가했다. 죽음 또는 시체는 병원이라는 '사회생활의 무대 뒤'로 격리되었다. 죽어가는 자로부터 사람들은 퇴각하여 침묵을 지킨다. 중세사회에서는 부패하고 구더기가 낀 사체에 대한 말들도 많이 이뤄졌다. 그에 반해, 문명화가 진행된 사회의 '무대'에서는 죽음을 말한다는 것, 예를 들면 아이들에게 죽음에 대해 말하는 것조차 억제되어 있다. 문명화 과정이 진행됨에 따라 "죽음과 죽은 자는 점점 공공연히 사회생활의 무대 뒤로 내몰려 강한 혐오감과 엄격한 언어상의 터부들로 포위되어 버렸다."[8]

이상과 같은 엘리아스의 주장은 (문명화 이론과 떼어내서 그것만을 볼 경우,) 앞으로 제6장에서 다룰 내용인 '죽음의 터부화', '터부-테제'와 궤를 같이하는 것처럼 보인다. 터부-테제에 따르면, 현대사회는 죽음을 배제하고 억압하고 은폐하고 격리하는 사회이다. 그런데 터부-테제의 어투에서는 마치 의인화된 '사회'가 그 의지에 따라서 죽음을 터부시하거나 '사회'가 죽어가는 '개인'을 은폐하는 것처럼 말하는 뉘앙스가 느껴진다. 사회를 실체화하거나 사회와 개인을 이항대립적으로 파악하는 사고방식은 엘리아스의 이론적 입장과 융화하는 것이 아니다. 오히려 이러한 사고방식을 회피하는 것이야말로 '관계구조'를 키워드로 삼는 엘리아스의 사회학 이론이 의도하는 것이다.

4. '내면'을 덮는 갑옷

엘리아스의 주장이 '터부-테제'와 서로 겹치면서도 다른 점은 그가 '죽음의 터부화'라는 현상을 관계구조의 변화로서 파악했다는 점이다. 죽음을 둘러싼 두 편의 소논문만으로는 그 주변 상황이 확실히 보이지 않는다. 문명화의 진행에 따라 '폐쇄된 인간'(Homo Clausus)으로서의 인간이 주체화되어 간다고 하는, 즉 엘리아스의 자아론, 관계론을 배경에 두고서야 '죽어가는 자의 고독', '관계'의 죽음이라는 엘리아스의 주장들이 뚜렷하게 떠오를 것이다.

엘리아스에 따르면, 인간은 항상 타자와의 관계 안에 있다. 가령 사람이 '속세를 떠난 사람'이 되려고 타자와의 관계를 모두 끊으려고 해도 그러한 행동 자체는 여전히 타자에 대한 것이다.[9] 사람이 항상 그 안에 놓여 있는 관계구조, 관계의 짜맞춤이 엘리아스 사회학의 출발점이 된다. 앞에서 살펴봤던 문명화 과정과 그것에 부수되는 자기통제의 변화도 사회가 개인에게 영향을 준다는 형태로 이미지되어서는 안 된다. 그것들은 관계구조의 동일 변화인 두 가지의 다른 양상이다. 따라서 자기통제의 변화도 타자와 사물과의 관계에서의 자기통제 형태의 변화로서 파악되지 않으면 안 된다.

이러한 관점에서 봤을 때, 문명화가 진행되면서 일어나는 '관계구조=자기통제' 변화로서 현저하게 나타나는 것은 사람들이 따로 떼어져서 차별을 받음으로써 자기를 표상하게 된다고 하는 변화, 즉 '개인화'의 진행이다. 동물적 충동·행동에 대해 불쾌감과 수치심을 불러일으키는 범위가 확대된다고 하는 변화는 남과 자기 사이에 '눈에 보이지 않는 방어벽'이란 것을 형성한다. '오늘날 이런 방어벽은 잘 느껴진다. 단지 남의 입과 손에 닿았던 것에 가까이하는 것만으로도, 남의 몇 가지 몸동작을 *보는 것만*으로도, 또 여러 번 그것에 대해 *말한다는 것만*으로도 불쾌감으로 나타나는 방어벽, 자신의 몇 가지 몸동작이 남의 눈에 띌 때와 같이 수치심으로서 나타나는 방어벽,[10] 이러한 방어벽 또는 자동적인 자기통제 장치라는 '갑옷'을 장착하는 효과로서, 사람은 점점 외부 세계와 독립된 '내면의 세계'를 경험하게 된다. 문명화가 진행되기 이전, 충동이나 욕망이 비교적 자유롭게 발산되던 상황에서는 '외견'와 '내면'의 구별이 그다지 확실한 형태로 존재하지 않았을 것이다. 다시 말하자면, 자기통제 장치가 자동적으로 충동이나 욕망을 통제하는 것이 '눈에 보이지 않는 방어벽'을 형성하여, 타자와 거리를 둔 '내면'을 탄생시킨다. 결과적으로 사람은 사회와 자연 등 '객체'와 대치된 고립된 '주체'로서 자신을 파악하게 된다. 모든 것에 앞서서 내면과 주체가 존재하는 것은 아니다. 관계구조의 변화에 연동하는 자기통제 양상의 변화가 내면과 주체를 드러내게 하는 것이다.

문명화가 진행되기 이전에 사람들은 자신을 둘러싼 상황에 휩쓸려 충동이나 욕망의 파도에 농락당하는 경향이 있었다. 그러나 자동적인 자기통제 장치가 갖춰지면서, 자신이 놓인 상황이나 자기 자신의 충동·욕망으로부터 거리를 두는 것을 배워간다. 그 결과, 과거 맹위를 떨치던 '자연'은 이제 감상하는 '풍경'이나 이용해야 하는 '자원'이 되었다. '객관적인' 과학적 지식이라고 불리던 것도 자기통제 변화의 한 산물이다.[11] 그런데, 이것과 같은 변화의 귀결로서 사람은 타자와 교류하면서도 타자를 자기와 동종이 아니라 오히려 각자 내부에 자의식을 간직한 개인으로 간주하게 된다. 육체적으로 인간은 각각 개별적인 존재인 것처럼 보인다. 그러나 영유아와 부모의 관계를 생각해보더라도, 정신적으로 개별적인 존재라고 하는 것이 결코 주어진 전제는 아니다. 문명화의 과정은 '내면의 세계'에 갇힌 '폐쇄된 인간'이라는 표상을 자명한 것으로 사람들 사이에 만연시킨다.[12]

폐쇄된 인간이라는 표상은 자신의 죽음에 대한 이미지나 죽어가는 타자에 대한 태도를 취하는 방식에도 그림자를 드리운다. 사는 것이 닫혀있고 자기 완결적인 개인으로서 사는 것이라고 이미지화된다면, 죽는 것 또한 혼자서 고독한 가운데 죽는 것으로 이미지화될 수밖에 없다. 또, 죽어가는 사람을 대면하는 경우에도 '폐쇄된 인간'은 자기감정을 있는 그대로 표출하는 데 곤란해 한다. 사람은 죽어가는 사람을 앞에 두고 무엇을 얘기해야 하는지도 모른 채 당혹스러워하고 거북함을 느끼고, 죽어가는 사람도 살아남은 자들에 대해 꺼리게 된다.

폐쇄된 인간의 이러한 태도는 앞에서 봤던 죽음의 격리를 만들어내는 두 가지 경향, 즉 ① 인간의 동물적 측면을 가장 강하게 드러내는 죽음을 신변으로부터 멀리하고, ② 자신의 죽음에 대해서는 '먼 저편'에 있어서 있는지 없는지도 모르는 것처럼, 지금 당장은 망각 해버린다는 태도와 결합한다. 죽음을 격리하는 사회에서 멀리하는 죽음은 망각될지도 모르겠지만, 죽음 그 자체가 없어지는 것은 아니 다. 그런 사회에서도 사람은 죽어간다. 그리고 죽음을 격리하는 사 회에서 더구나 죽어가는 자, 폐쇄된 인간으로서 죽어가는 자는 그 죽음을 자신의 내면이라는 폐쇄된 공간에서 받아들일 수밖에 없게 된다. 이것이 엘리아스가 말하는 '죽어가는 자의 고독'이라는 사태 를 가져온다. "죽음에 임박한 인간이－아직 살아있는데－주위 사람 들에게 자신은 이미 아무런 의미도 없구나 하고 느끼지 않을 수 없는 사태에 있을 때, 그 인간은 참으로 고독하다."[13] 마르틴 하이데거가 일찍이 서술했던 것처럼, 사람은 어쨌든 타자가 대신할 수 없는 죽 음에 홀로 직면하지 않으면 안 될지도 모른다. 그러나 엘리아스가 여기에서 서술하고 있는 것은 그런 의미의 고독이 아니다. 죽어가는 인간은 아직 살아있는데, 죽어간다고 하는 낙인을 몸에 찍음으로써 살아있는 자들과의 관계에서 쫓겨나고 있다고 느낄 수밖에 없는 경 우의 고독을 그는 서술하고 있는 것이다. 그의 말에 따른다면, 이러 한 상황이야말로 사람은 '정말로 고독'한 것이다.

5. '관계의 죽음'으로서의 사별

폐쇄된 인간으로서 죽는다는 것이나 죽어가는 자의 고독이라는 표상은 보편적인 것이 아니다. 그것은 문명화가 진행된 사회에서 볼 수 있는 특이한 현상이다. 오히려 보편적인 것은 인간이 관계구조 속에 살고 있으며 그곳에서만 인간 존재일 수 있다는 사실이다. 인간의 이러한 조건을 여기에서는 인간의 '관계성'으로 부르도록 하자.

　폐쇄된 인간이라는 표상은 이러한 근본적인 관계성이라는 사실을 덮고 숨겨서 보이지 않도록 만든다. 따라서 엘리아스는 폐쇄된 인간에 얽힌 다양한 표상에 대해, 인간과 인간의 진정한 관계를 표현하는 데에는 '매우 충분하지 않으며', '사람을 잘못되게 할' 것이라고 기탄없이 판단한다.[14] 예를 들면, 『사회학이란 무엇인가』에서 엘리아스가 사랑하는 사람의 죽음에 대해 기술한 내용이 있다.[15] 폐쇄된 인간이라는 표상에서 보자면, 사랑하는 사람의 죽음은 남겨진 자의 외부 세계에서 일어난 사건으로서 파악될 것이다. 그리고 그것이 외적 원인으로 되어 슬픔을 일으키는 것과 같이 남겨진 자의 내면에 영향을 미치는 것으로 이미지화될 것이다. 그러나 근본적인 관계성이라는 사실에서 보면, 이러한 이미지는 매우 불충분하다. 엘리아스는 "사랑하는 사람이 죽는다는 것은 남겨지는 사람이 자기 자신의 일부를 잃는다는 것을 의미한다."고 말한다.[16] 인간은 원래 짜맞춰진 관계구조의 '그물코'라고 불릴 수 있는 존재이다. 엘리아스의 말을 다르게 표현하자면, 사랑하는 사람이 죽는다는 것은 죽어가는 자와 남겨진 자의 '관계'가 죽는다는 것이다. 사랑하는 사람의 죽음으로 인해, 사랑하는 사람과의 사이에 짜 맞춰졌던 관계가 상실되고, 남겨진 자의 '그물코' 균형, 즉 다른 타자들과의 관계 방식도 크게 변하게 된다. 사랑하는 사람의 죽음으로 인해서 그때까지 친했던 사람과 소원해지거나 그때까지 연이 멀었던 사람과 친하게 될 지도 모른다. 사랑하는 사람의 죽음은 남겨진 자가 짜맞추고 있는 관계의 균형을 전체적으로 크게 변화시키는 것이다.

엘리아스는 짜맞춰진 관계구조의 그물코로서의 인간을 폐쇄된 인간과 대치시켜서 '열린 인간'(Homines Aperti)이라고 말한다.[17] 『개인들의 사회』에서 다뤄진 가장 마지막 논고(1987)에서, 엘리아스는 "개개인의 상황에서 어떠한 형태를 취하더라도, 인간과 교류하고자 하는 감정적 욕구, 즉 다른 인간과의 정서적인 관계 속에서 주고받고자 하는 욕구는 인간 존재의 근본적인 조건으로 된다."[18] 관계성 속에 살고 서로 인정하는 것이 인간으로서 존재하는 전제조건이다. 그러나 폐쇄된 인간이라는 표상을 몸에 걸친 인간은 자연스럽게 우러나오는 따뜻한 감정을 타자에게 주는 것이 불가능하다. 물론 폐쇄된 인간도 그러한 감정을 주거나 받고자 하는 욕구를 가지고 있다. 그러나 그는 그러한 것을 행하는 능력을 고갈시켜버렸다. 폐쇄된 인간은 근원적인 갈등 속에 있다. 즉, 그에게는 "따뜻한 감정에 대한 욕구, 즉 타자에 대해 정성으로 맞이하거나 타자로부터 받아들여지는 것에 대한 욕구가, 따뜻한 마음을 담아서 자연스럽게 전달하는 것이 불가능하다는 무력함과 합쳐져 있는 것이다."[19] 그리고 이러한 갈등이 또 죽어가는 자의 고독이라는 사태에 대해 문명화된 인간의 양의적 태도를 만들어내는 것이다.

6. 엘리아스와 아리에스

'폐쇄된 인간'과 '열린 인간'이라는 대조는 경우에 따라서 전자는
비판되어야 할 대상이고 후자는 이상적인 인간상이라는 것으로 이
해될 수도 있겠지만, 이것은 적절하지 않다. 엘리아스에게 열린 인
간이라는 이념은 관계구조, 짜맞춤의 일부로서 살아가는 인간, 타자
와의 상호관계 속에서 살아가는 인간이라는 사태를 단지 가리키고
있는 것에 불과하다. 그렇더라도 폐쇄된 인간, 죽어가는 자의 고독
이라는 상황으로부터 이탈하고자 하는 벡터(Vector)가 엘리아스의
논의 가운데 존재한다는 것 또한 부정할 수는 없는 사실이다. 그렇다
면, 그 벡터는 어디로 향하고 있고 또 어디로 향하지 않는 것일까? 이
것을 확실하게 인식하기 위해서는 필립 아리에스의 죽음의 사회사
에 대한 엘리아스의 비판을 읽을 수밖에 없을 것이다. 죽음의 사회학
을 둘러싼 소논문에서 엘리아스는 아리에스의 『죽음과 역사』[20]를
채택하여 비판을 가하고 있다.

아리에스는 서구에서 죽음의 태도에 대한 역사적 변천을 다루는
가운데, 그 변용을 '길들여진 죽음', '자신의 죽음', '너의 죽음', '멀
고도 가까운 죽음', '터부시되는 죽음' 또는 '전도된 죽음'과 같은 유
형으로 특징지었다. 제7장에서 자세히 다루겠지만, 아리에스에 따
르면 중세 전기에 사람들은 죽음을 공포의 근원으로 꺼렸던 것이 아
니라 오히려 자연의 섭리로서 담담하게 받아들이고 있었다. 죽음은
매우 가까이에 있고 일상생활의 일부였다. 예를 들면, 죽음의 의식
은 당시에 공개적이었으며 죽어가는 자의 방에는 성직자, 친척, 친

구, 이웃, 어린아이, 그리고 지나가던 행인마저 자유롭게 들어왔다. 묘지는 가옥을 짓거나 모이는 곳, 노점이 들어서는 곳, 춤추거나 놀거나 하는 곳에 마련되었고 산 자와 죽은 자가 공존하였다.

엘리아스가 인용하고 있는 아리에스의 문장을 보자.

죽음을 친숙하고 가깝고 편안하게, 크게 중요하지 않은 것으로 삼던 옛날의 태도는 죽음이 너무나 무서운 것이어서 그 이름을 입에 담는 것조차 꺼리게 된 우리들의 태도와 너무나도 다릅니다. 그러므로 저는 여기에서 이 친숙한 죽음을 길들여진 죽음이라고 부르고 싶습니다.[21]

20세기가 되면서, 죽음은 가까운 장소로부터 모습을 감췄다. 죽음은 '지명해서 부를 수 없는 것'으로 터부시되어 가능한 한 멀리해야 하는 것으로 되었다. 죽음은 추하고 더러우며 불쾌한 것으로 간주되었고, 그러므로 은폐되어야 하는 것으로 되었다. 아리에스에 따르면, "사람은 이미 자기 집에서 가족이 있는 가운데 죽어서는 안 되고, 병원에서 그것도 혼자서 죽는 것"이다.[22]

이상과 같은 아리에스의 논의는 앞에서 본 죽음의 격리라는 엘리아스의 주장과 기본적으로 공통성을 갖고 있으며, 두 사람의 논의는 하나로 수렴하는 것처럼 보인다. 그러나 엘리아스는 아리에스의 논의를 '좋은 옛날, 나쁜 현재'라는 선악의 이원적 도식의 묘사인 것이라고 강하게 비판한다.[23] 아리에스의 논의는 낭만주의자의 정신을 갖고 옛날의 좋은 중세란 이름으로 나쁜 현재를 단죄하는 것이다. 엘리아스는 현대와 비교해서 중세에 죽음이 보다 편안하고 평온했을 리가 없다고 말한다. 중세에는 국가 내부의 안전성이 확보된 형태로 성립되어 있지 않았고, 폭력적인 죽음을 당하는 일이 일상적이었다. 죽음에 이르는 고통을 의학적으로 통제하는 것도 잘 되지 않았고 전염병도 만연했다. 그렇더라도 분명히 중세에 죽음은 도처에서 볼 수 있는 가까운 대상이었고 빈번하게 거론되는 대상이었다. 죽어가는 사람의 곁에는 함께 하는 사람도 많았다. 그렇더라도 죽음이 평온한 것이었다고 말할 수는 없다. 죽어가는 사람의 곁에 선 사람들이 죽어가는 자를 조롱하거나 모욕했을지도 모를 일이다.

엘리아스의 말처럼, 중세의 죽음은 평온하고 바람직하지만 현대의 죽음은 난폭하고 잘못된 것이라는 인식이 분명히 아리에스에게 있기는 하다. 공유하는 신앙을 바탕으로 혈연, 지연에 따라 연결된 공동체가 죽음을 따뜻하게 맞이하고, 죽은 자는 평온하게 죽어간다는 이미지가 아리에스에게서 느껴진다. 한편, 엘리아스에게서 논의의 벡터는 이러한 이미지로 향하지 않는다. 엘리아스가 오히려 향하는 것은 죽어가는 자를 위로하든 매도하든, 주위 사람들이 얼마나 그 죽음을 '함께' 하는가에 대한 것이다. 엘리아스는 다음과 같이 말한다.

결국, 중세 사회에서 사람의 일생은 지금보다 짧고, 어쩔 수 없는 여러 가지 위험들이 더 많고, 죽음은 더욱 고통에 찬 것이었으며, 죄의식에 근거한 사후의 형벌에 대한 공포는 숨길 수도 없을 정도였다. 반면, 다른 사람들이 한 사람 한 사람의 죽음에 함께 참여하는(mitbeteiligt) 정도는 현재보다 컸다. 오늘날에는 임종의 고통을 완화시킬 수 있는 경우도 많고 죄의식에서 오는 무서움도 상당히 억제되어 있다. 그러나 한 사람 한 사람의 죽음에 다른 사람들이 함께 참여하는 일은 훨씬 줄어들었다.[24]

7. '관계성'과 의미

동일한 신앙과 전통에 같은 세계관을 공유하며 서로 따뜻한 신뢰 관계와 애정으로 둘러싸인 '옛날의 좋은 공동체'란 이미지, 공통된 생사관을 갖고 있어서 죽음에 대해서도 공동으로 대처하는 것이 가능한 공동체의 이미지, 이러한 죽음의 '공동성'으로 아리에스의 논의가 향한다고 본다면, 엘리아스의 논의는 생의 '관계성'이라고 하는 단순한 사태를 몇 번씩이나 확인하는 것으로 향한다.

분명히 엘리아스도 '공동체'(Gemeinschaft)에 대해 논한다. 예를 들면, 살아있는 자가 죽어가는 자와 '자기 동일화'하는 것이 현대에서는 곤란하지만, 원래 "인간은 죽을 수밖에 없는 자들의 공동체인 것"이라고 서술하기도 한다.[25] 그러나 이 경우의 '공동체'란 앞에서 서술한 '옛날의 좋은 공동체'와 미묘하게 다르다. 이것을 분명히 한 다음이라야, 작은 지적일 수도 있겠지만, '여가공동체'(Leisure-gemeinschaften)에 관한 엘리아스의 논의가 참고될 수 있겠다. 『스포츠와 문명화』(Quest for Excitement)에서 엘리아스는 다음과 같이 서술하고 있다.[26]

우리가 여가 중 자유시간에 친구들과 파티 같은 곳에 모이거나 술을 같이 마실 때, 그런 모임에는 '공동체'의 특징이 갖춰져 있다고 말할 수 있다. 그러나 그러한 모임에 참가하는 사람들이 원하는 것은 '촌락공동체를 원하는 로맨틱한 갈망'과 매우 다르다. '여가공동체'에서 요구되는 것은 단순히 같이 있는 것을 즐기는 것, 즉 '상당히 깊숙이 몸에 스며들어 있는 억제의 갑옷을 자주 느슨하게 하고', '갑옷으로 완전히 무장한 개인의 고독'이라는 중화제가 되는 '상호 간 쾌활하게 주고받기하는 것'에 몸을 맡기는 것이다. '여가공동체'란 현대사회에 편재하는, '인간이 타인과 함께하며' 서로 자신의 갑옷을 느슨히 하는 것이 가능한 월경지(越境地)이다.

엘리아스가 말하는 '여가공동체'란 어떤 가치관을 공통의 축으로 하여 견고하게 결합한 공동체와 같은 것이 아니다. 그것은 오히려 문명화가 진행된 사회 속에서 '폐쇄된 인간'으로서 살아가는 인간이 아주 잠깐이라도 자기통제의 갑옷을 느슨히 하고, 인간의 근본적인 '관계성'이라는 것의 편린에 닿을 수 있는 월경지이다. '폐쇄된 인간'은 아마도 '닫힌 인간'으로서 살아갈 수밖에 없을 것이다. 자기와 타자의 동질성을 자명한 것으로 하고, 자기를 개방하여 공동체에 동화하는 것을 꿈꾸는 것도 이제는 불가능하다. '열린 인간'이라는 이념은 이러한 방향을 향하는 것이 아니다. 그것은 단지 인간의 근본적인 '관계성'을 상기하기 위한 각서임에 지나지 않는다.

남들과 완전히 독립된 인간으로서 행동하는 '폐쇄된 인간'은 자신의 생의 의미도 스스로 제시하려고 생각할 것이다. 그러나 어떤 인간의 생이 어떤 의미를 갖는다는 것은 타자와의 '관계성' 안에서만 가능하다. 다른 인간(현재 살아있는 인간만이 아니라 과거나 미래의 인간도 포함하여)에게 자신의 존재나 자신의 할 일과 이뤄야 할 일이 어떤 의미를 갖는다고 하는 것이 그 사람의 생이나 행위의 의미를 형성한다.[27] 죽음을 앞에 둔 인간이라도 사정은 다르지 않다. 오히려 지금 막 '관계성'으로부터 이탈하려고 하기 때문에 죽어가는 인간은 '폐쇄된 인간'으로서 사는 것의 고통을 누구보다도 뼈저리게 느끼는 것은 아닐까. 인간은 죽음을 홀로 직면하지 않으면 안 되기 때문에, 오히려 그것을 통해 '열린 인간'으로서의 자신을 찾는 것이 아닐까.

엘리아스가 추구하는 것은 '공동성'에 동화하여 함께 죽음으로 향하는 것이 아니라, 죽음을 앞에 두고서도 '관계성' 속에서 함께 사는 것이다. 그것은 특별히 내세울 정도로 복잡한 것도 아니다. 그것은 "죽어가는 사람에게 변하지 않는 귀속감과 안정감을 주기 위해 손을 잡거나 어루만지는 일"이며, "죽어가는 사람에게 준비할 것도 없이 자연스럽게 말을 걸거나 서로 대화를 하는 일"[28]이며, 더 나아가서 죽음의 길을 떠나는 사람들에게 "'다른 사람들에게 더 이상 당신의 의미는 없어졌다'고 말할 리가 없다."라는 점을 알려주는 것이다.[29]

[주]————————————

1 원래의 뜻에 보다 가까운 형태로 '무늬'라고 번역되는 경우도 있으나, 여기에서는 '관계구조'라는 德安彰의 번역을 채택한다.

2 두 논문 모두 아래 일역에 들어있다. ノルベルト　エリアス, 『(叢書ウニベルシタス)死にゆく者の孤独』, 中居実訳, 法政大学出版局, 1990(原著 1982/85).

3 ノルベルト　エリアス, 『(叢書·ウニベルシタス)文明化の過程(上·下)』, 赤井慧爾·中村元保·吉田正勝·波田節夫·溝辺敬一·羽田洋·藤平浩之訳, 法政大学出版局, 1977/78(原著 1969). 또, 엘리아스의 사회학을 둘러싼 연구서로서 奥村隆, 『エリアス·暴力への問い』(勁草書房, 2001), 大平章編著, 『ノルベルト·エリアスと21世紀』(成文堂, 2003) 등 참조.

4 ノルベルト エリアス, 『文明化の過程(上)』, 254-261쪽.

5 같은 책, 262-268쪽.

6 ノルベルト　エリアス, 『(叢書·ウニベルシタス)宮廷社会』, 波田節夫·中埜芳之·吉田正勝訳, 法政大学出版局, 1981(原著 1969).

7 ルベルト エリアス, 『死にゆく者の孤独』, 69-78쪽

8 같은 책, 76쪽.

9 ノルベルト エリアス(著), ミヒャエル シュレーター(編), 『(叢書·ウニベルシタス)諸個人の社会──文明化と関係構造』, 宇京早苗訳, 法政大学出版局, 2000(原著 1991), 29쪽.

10 ノルベルト エリアス, 『文明化の過程(上)』, 168-169쪽.

11 ノルベルト　エリアス, 『(叢書·ウニベルシタス)参加と距離化──知識社会学論考』, 波田節夫·道旗泰三訳, 法政大学出版局, 1991(原著 1983).

12 만년의 엘리아스는 '폐쇄된 인간'을 '우리가 없는 나(我)'(das wirlose Ich)라고도 표현하고 있다. ノルベルト エリアス, 『諸個人の社会』, 220-227쪽. 엘리아스에 따르면, 인간의 아이덴티티는 '우리 아이덴티티'와 '나 아이덴티티'의 관계, 즉 '우리-나의 균형'으로 성립한다. 그러나 '폐쇄된 인간'이란 이 균형의 중심이 '나 아이덴티티'쪽으로 한없이 기울어 '우리 아이덴티티'가 상실된 인간이다.

13 ノルベルト エリアス, 『死にゆく者の孤独』, 96쪽.

14 ノルベルト エリアス, 『諸個人の社会』, 39, 136쪽.

15 ノルベルト エリアス, 『(叢書·ウニベルシタス)社会学とは何か──関係構造·ネットワーク形成·権力』, 徳安彰訳, 1994(原著 1970), 162-163쪽.

16 같은 책, 162쪽.

17 같은 책, 148쪽.

18 ノルベルト エリアス, 『諸個人の社会』, 227쪽.

19 같은 책, 230-231쪽.

20 フィリップ·アリエス, 『死と歴史──西欧中世から現代へ』, 伊藤晃·成瀬駒男訳, みすず書房, 1983(原著 1975).

21 같은 책, 25쪽.

22 같은 책, 71쪽.

23 ノルベルト エリアス, 『死にゆく者の孤独』, 19-25쪽.
24 같은 책, 24-25쪽.
25 같은 책, 24-25쪽.
26 ノルベルト エリアス·エリック ダニング, 『(叢書·ウニベルシタス)スポーツと文明化──興奮の探求』, 大平章訳, 法政大学出版局, 1995(原著 1986), 174-175쪽.
27 ノルベルト エリアス, 『死にゆく者の孤独』, 52-53, 82쪽.
28 같은 책, 43-45쪽.
29 같은 책, 96쪽. 1984년에 이뤄진 어느 인터뷰에서, "죽는다면 어떤 장소에서 죽고 싶습니까?"라는 질문을 받은 엘리아스는 다음과 같이 답하고 있다. "아니, 장소는 문제가 아닙니다. 다만, 고통없이 죽었으면 좋겠습니다. 늙어서 더 이상 누구에게도 아무런 쓸모가 없어지면 사라지고 싶습니다. 그러나 그것이 어디에서 일어날 것인지에 대해서는 흥미가 없습니다." 또, 어디에 매장되기를 원하는지에 대한 질문에 대해, 그는 죽으면 자신은 더 이상 없다, 자신은 살아있는 자의 문제에 대해 생각하고 있으며, 죽어버리면 더 이상 문제를 느낄 일도 없다, 따라서 그러한 일에도 관심이 없다고 답하고 있다. 어느 답변이나 상당히 산뜻하지만, 죽음으로의 '공동성'이랄까, 죽는다는 사건 그 자체보다도, 살아있는 자의 '관계성'을 중시하는 엘리아스의 기본적인 자세가 이 발언에서도 나타나 있다고 생각한다. Norbert Elias, *Reflections on a Life,* Polity Press, 1994, p. 80.

죽음과 사별의 사회학

제4장

모더니티의 죽음,
포스트모더니티의 죽음

죽음과 사별의 사회학

1. 세 가지 죽음의 형태

세계적인 동향에서 볼 때, 1990년대 이후 사회이론에서는 현대사회에 생기기 시작한 변화를 모더니티에서 포스트모더니티로 가는 추이로서 이해하는 이론적인 틀이 일반적이다. 일본에서는 이에 앞서서, 1980년대 포스트모던에 대해 논하는 것이 일종의 지적유행으로 되었다. 그런데, 당시 주로 논의했던 것을 보면, 실질적으로는 포스트모더니즘에 대한 것이었다. 포스트모더니즘은 지극히 도식적으로 말하자면, 첫째로 포스트 구조주의로 대표되는 철학에서의 사조이고, 보편적 근거의 존재 부정이나 사상의 의미를 일의적으로 결정하는 것에 대한 불가능성의 지적 등을 특징으로 한다. 그리고 둘째로, 포스트모더니즘은 예술이나 건축 등의 문화적 활동의 조류로서, 제도적 표현형식으로부터의 이탈, 이질적인 형태의 혼성, 대담한 놀이나 자유로운 발상 등을 특징으로 한다.

이러한 포스트모더니즘이 하나의 사상적·문화적 조류로 이해되는 것에 반해, 포스트모더니티는 그러한 사상적·문화적 조류를 그 일부로 내포하는, 사회 전반의 편성 방식을 가리키는 말이다. 다시 말하자면, 포스트모더니즘적인 사상이나 문화적 활동이 주목을 받거나 유행하는 것 자체가 포스트모더니티론에서 보면, 포스트모더니티로 향하는 사회의 움직임, 포스트모더니제이션의 일부를 형성하는 현상으로 파악할 수 있다는 것이다. 모더니티란 근대사회 전반의 사회편성 방식을 가리키는 말이다. 이에 반해서, '~이후'를 의미하는 '포스트'가 붙은 포스트모더니티는 종래의 모더니티 틀에 들어

가지 않는 변화가 사회의 각 영역에서 생기기 시작하면서 새로운 사회편성이 출현해가는 것을 지시하는 말이다.[1]

포스트모던에 대해 논할 때, 상투적으로 언급되는 말이지만 프랑스 사상가인 장 프랑수아 리오타르(Jean-Francois Lyotard)의 '거대서사(grand narrative)의 종언'이라는 표현이 있다.[2] 리오타르에 따르면, 보편적 타당성을 갖는 근거 기반에 진보나 해방의 역사를 말하는 모던의 거대서사는 이제 그 신빙성을 잃고, 대신 상호 이질적이고 국소적인 무수한 소서사(little narrative)가 산란하는 상황이 생겨났다고 말한다. 이것은 예를 들면, "과학기술의 진보가 밝은 미래를 초래한다", "경제발전이 행복한 사회를 실현한다"거나, 사회주의 국가인 경우라면 "혁명을 통해 진정으로 평등한 사회를 실현한다"는 등 근대사회를 편성하는 중심축으로 공유하고 있던 신념이나 생활지침이 서서히 상실되고, 그 대신에 여러 다양한 신념이나 생활지침을 각 개인이나 집단마다 국소적으로 갖게 되면서 경합하게 되었다는 것을 의미한다. 이러한 변화는 사회편성의 모습에도 파급되어 간다. 근대사회를 지지하던 국가, 기업, 가족 등의 집단은 그 견고함을 잃고 사람들의 관계는 보다 유연하게 되어, 새롭고 다양한 정치적 활동의 방식, 생산이나 노동의 방식, 남녀관계의 모습 등이 펼쳐지게 되었다. 영국의 사회학자 지그문트 바우만(Zygmunt Bauman)이 '리퀴드 모더니티'(liguid modernity, 유동적 근대)라는 말로 표현하는 것처럼, 소비사회화, 정보사회화, 세계화와 같은 사회적 변동이 함께 이뤄지면서, 사람들의 사고나 관계의 방식, 조직의 방식은 다양하고 유동적으로 되어가는 것이다.[3]

〈그림 4〉 세 가지 죽음의 형태

	전통적인 죽음	모던의 죽음	포스트모던의 죽음
권위	전통	직업상의 전문적 지식	개인적 선택
권위있는 인물	성직자	의사	자아
지배적 언설	신학	의학	심리학
대처법	기도	침묵	감정 표출
여행자	혼	신체	퍼스낼리티
신체적 맥락	죽음과 함께 있는 삶	통제되는 죽음	죽어가는 것과 함께 있는 삶
사회적 맥락	공동체	병원	가족

(출처: Tony Walter, "Facing Death without Tradition," in G. Howarth and P. C. Jupp(eds.), *Contemporary Issues in the Sociology of Death, Dying and Disposal*, Macmillan, 1996, p. 195)

이상과 같은 '모더니티에서 포스트모더니티로'라는 인식은 사회 전반의 변화뿐만 아니라 사회의 각 영역이나 개별 현상에 대한 이론적 분석에도 적용된다. 죽음이나 사별 또한 예외가 아니다. 예를 들면, 죽음의 사회학에서 대표적인 논객의 한 명인 토니 월터(Tony Walter)는 전통적 사회에서의 죽음, 모더니티에서의 죽음, 포스트모더니티에서의 죽음이라는 세 가지 죽음의 형태에 대한 도식을 제시하고 있다(<그림 4> 참조). 물론 이러한 도식은 매우 개략적이며 자세한 논의를 위한 출발점일 뿐이다. 원래 사회 변화나 역사의 흐름 자체가 세 경계선으로 분단되는 것도 아니고, 구분이 된다고 하더라도 오히려 현대 시기에 세 가지의 특질이 혼성되어 공존하고 있다고 보는 것이 옳을 것이다. 이러한 도식은 베버가 말한 '이념형'으로서,

즉 현실을 모사하는 도식으로서가 아니라 오히려 현실과 비교·조합하면서 현실이 갖는 특징을 발견하기 위한 모델로서 이해되어야 할 것이다.

그러나 이러한 이론적 도식의 장점은 사회나 역사의 큰 흐름 속에서 개개의 현상을 위치 짓고 고찰할 수 있다는 것, 그리고 이러한 명쾌한 점 때문에 여러 가지 논의나 생각을 서로 연결하는 결절점 혹은 커뮤니케이션의 준거점으로 될 수 있다는 것이다. 모더니티·포스트모더니티론이 사회이론으로 정착하게 된 것도 이러한 장점에 따른 것이다. 이번 장에서는 월터가 제시한 그 도식에 따라, 그것과 서로 공명하는 사회이론을 맞춰감으로써, 모더니티·포스트모더니티론이 죽음과 사별이라는 주제에 대해 열 수 있는 시야에 대해 검토하고자 한다.

2. '성스러운 천개' 아래에서

모더니티에 앞서는 프리모던(pre-modern, 전근대)인 전통적인 사회에서의 죽음의 형태에 대해 먼저 살펴보자. 월터가 도식에서 제시한 것처럼, 감염증이나 폭력으로 인해 돌연사하는 경우도 적지 않았던 전근대적인 사회에서 죽음은 삶과 서로 이웃하는 관계였다. 사람들은 종교적인 의미부여를 공동으로 함으로써 죽음을 '길들이고' 있었다. 이러한 전통적인 사회의 양상에 대한 이론으로서 여기에서는 우선 피터 버거(Peter L. Berger)의 이론을 보도록 하자. 버거의 입장은 '리얼리티의 사회적 구성'에 착안한 것으로서, 넓은 의미로는, 제 2장에서 살펴본 미국 의미학파의 입장에 속하는 것이다. 다만, 버거는 개개 행위자의 의미해석이나 상황 정의에 대해, 현장조사를 통해서 명확하게 한 것이 아니라 오히려 개인이나 사회의 의미부여를 통해 현실이 진정한 현실로서 구성되어가는, 그런 사회적인 전체적 구조에 주목한다.[4]

전통적인 사회에서의 의미 세계의 방식을 생각한 후에, 버거의 '카오스(chaos)·노모스(nomos)·코스모스(cosmos)'에 대한 이론을 참고할 수 있다.[5] 여기에서 말하는 노모스란 일상적인 차원에서 공유된, 공동 규범에 의거하는 의미 질서이다. '상식'이라고 하는 것에 의해 형태가 만들어진 의미 세계라고 말해도 좋을 것이다. 그런데, 이러한 의미 질서는 늘 카오스, 즉 의미부여가 불가능한 혼돈과 서로 등을 맞대고 있다. 버거는 이러한 카오스가 드러나는 상황을 실존철학의 용어를 빌려 '한계상황'이라고 부른다. 한계상황에서 노모스는 극히 불안정해지고 규범상실의 위협에 놓인다. 그리고 여러 한계상황 중에서도 최대인 것이 죽음이다. 죽음은 사람들에게 근본적인 불안을 주고 '당연하다'고 생각하는 것들을 근본적으로 의심하게 만든다. 노모스는 '공포를 막는 방패'가 되어 의미 질서의 정당성을 유지해야 한다. 그것을 위해 구성되는 것이 코스모스라는 의미 세계이다.

코스모스란 성스러운 것을 매개로 노모스를 우주적인 사고의 틀속에 편입시켜 위치 짓는 의미 세계이다. 예를 들면, 종교나 신화처럼 신적 존재를 지주로 하여, 노모스를 덮어버리는 의미 세계가 형성된다. 다시 말하자면, 코스모스는 노모스가 우주에 투사된 것, 즉 인간이 의미 짓는 세계를 세계 그 자체와 동일시하는 것을 가능케 하는 틀이다. 이러한 의미 세계 내부에서는 인생의 의미, 사후의 운명, 세계의 존립, 역사의 경위 등 모두가 설명될 것이다. 이러한 의미 세계에 있어서, 의미 세계 그 자체가 구성된 것이라는 것은 가능한 한 은폐되고, 반대로 사람들은 우주의 원초 이후로 의미 세계는 그러한 것으로 있었다고 느끼게 된다. 이상의 관점에서 버거는 "모든 인간 질서는 죽음을 향하는 공동체"라고 말한다.[6] 죽음은 코스모스 속에 위치 지어지고 통일됨으로써 정당화된다. 즉, 죽음은 이제 질서를 흔들리게 하는 카오스의 발로가 아니라 질서의 일부로 된다. 죽음에 대한 사람들의 공포는 완화되고 계속해서 일상생활은 수행할 수 있도록 보증된다. 또 죽음에 이르러서도 '잘 죽는 법', '좋은 죽음'이 교시되고, 사람들은 정형화된 작법에 기반해서 죽음을 맞이하게 된다. 노모스에서 개인의 인생이나 제도적 질서는 코스모스라는 '성스러운 천개'에 덮여 안정적으로 되는 것이다.

그러면, 이러한 의미 세계에서의 죽음을 묘사하기 위해, 버거는 "나는 죽었다─그래서 이제 죽을 일은 없다"라는 표현을 인용하고 있다.[7] 코스모스로 덮인 노모스라는 의미 세계는 개개인의 생전에도 사후에도 존재하고 존속한다. 이러한 의미 세계는 개개인을 과거의 선행자, 현재의 생존자, 미래의 후계자로 이루어진 전체성으로 연결시킨다. 이러한 전체성, 달리 말하자면 세대 간의 존재론적인 연결과 시공을 넘은 공동체로 일체화함으로써 개개인은 자신의 존재 유한성을 초극할 수 있다. 확실히 개개인은 육체적으로는 언젠가 죽어야 한다("나는 죽었다"). 그러나 그 죽음을 지나 개개인은 오히려 코스모스로 덮인 노모스라는 의미 세계 속에 융화되어, 공동체가 존속하는 한 영원히 존속하게 되는 것이다("그러므로 이제 죽을 일은 없다").[8] 프리모던 사회에서의 삶과 죽음의 이러한 특질에 대해, 프랑스 사회학자 장 보드리야르(Jean Baudrillard)는 "죽음은 죽음 이전에 시작하고 삶은 생 이후에도 지속되기 때문에, 삶과 죽음을 차별하는 것은 불가능하다."고 표현하고 있다.[9] 프리모던 사회에서는 죽은 자와 산 자 사이에 사회관계가 성립되어 있고, 양자 간에는 의례적인 행위를 통해 교환이 이루어지고 있었다. 거기에 삶과 죽음은 융합되어 있고 나뉘어 있는 것이 아니었다.

3. 모더니티와 '치사의 탈구축'

이제 모더니티에서의 죽음의 형태에 대해 살펴보자(<그림 4> 참조). 모더니티를 생성시키는 근대화란 다시 말하자면, 위와 같은 코스모스, 즉 '성스러운 천개'의 해체과정이다. 그 속에서 종교적 언설을 대신하여, 세계를 설명하는 역할을 담당하게 된 것이 과학적 세계관이다. 그런데, 제1장에서 베버가 서술했던 것처럼, 과학적 세계관은 '마술(주술)로부터의 해방'을 가져오기는 하지만 그것을 대신하는 세계로의 의미 부여를 제공한 것은 아니었다. 오히려 과학적 세계관은 '인과적 메커니즘'으로 바꿔 읽음으로써 결과적으로 삶과 죽음의 의미상실을 초래하게 된다. 물론 그렇다고 해서 종교 자체가 소멸해버리는 것은 아니다. 그러나 종교적 세계관에는 이제 사회 전체를 덮어버릴 '성스러운 천개(天蓋)'를 형성할 힘이 없다. 세계를 의미 짓는 방법은 다양화되고, 버거의 방식으로 말하자면 의미 세계는 복수화되는 것이다. 종교도 그러한 복수로 존재하는 의미 세계 중의 하나에 불과하다. 이러한 종교적 언설의 쇠퇴, 세속화에 따라 임종이나 장례를 관리하는 역할도 성직자가 아니라 의사나 장례회사 등의 직업적·상업적인 전문가가 담당하게 된다.

죽음의 장소라는 관점에서 보더라도, 모더니티에서 죽음은 가정보다 오히려 병원에서 일어나는 것으로 되었다.[10] 예전에 종교적 의례를 통해 이뤄지던 죽음의 대응은 병원에서 의료진의 합리적인 관리하에 이뤄지게 되었다. 그곳에서 죽음 자체는 이 세상에서 저 세상으로 영혼의 정신적 이행과 같은 것이 아니다. 오히려 자연현상이나 생리적 과정으로 이해된다. 죽음은 죽어가는 자의 신체, 더 말하자면 그 신체를 구성하는 어느 장기에서 일어나는 현상이 된다. 또 의사의 사망진단서를 통해 사인이 제시되고 그것이 사망신고와 함께 관공서에 제출됨으로써 사람들의 죽음은 인구동태로 파악할 수 있게 된다. 개인에게서 죽음은 의학을 통해 합리적으로 관리·통제되고, 인구의 면에서는 죽음의 분포로서 통치 권력을 위해 합리적으로 관리·통제되는 것으로 된다.

보드리야르에 따르면, 노동과 생산을 중축으로 하여 합리성을 추구하는 근대사회에서는 노동과 생산에 도움이 되지 않는 것, 합리적이지 않은 것은 모두 배제의 대상이 된다. 그리고 "그 모든 것들의 배제에 앞서, 그러한 것들의 모델이 되어 서구문화의 '합리성'의 토대에 있는 배제가 있다. 그것은 죽은 자와 죽음의 배제이다."[11] 프리모던 사회에서 융합되어 있던 삶과 죽음은 모더니티에서 철저히 분리되고, 삶에서 분리된 죽음은 탈사회화되고 배제된다. 죽음은 가능한 한 회피되거나 은폐되어야 하는 것으로 된다. 만약 죽음과 직면하게 되더라도 사람들은 죽음에 대해 침묵을 지킬 수밖에 없다. 모더니티의 이러한 경향은 나중에 제6장에서 보는 것처럼, 일반적으로 '죽음의 터부(금기)화'라고 불린다. 앞에서 언급했듯이, 죽음이 직업적·상업적 전문가들을 통해 합리적으로 관리·통제되는 것도 일반 사람들의 이러한 죽음의 터부화 경향과 표리관계에 있는 현상이라고 말할 수 있을 것이다.

그러나 아무리 죽음이 기피되고 은폐되고 결과적으로 일시적으로는 망각된다고 하더라도, 죽음이 모든 자에게 최종적인 운명으로 존재한다는 것에 변함은 없다. 더구나 죽음의 공포나 불안으로부터 지켜주는 '성스러운 천개'는 이제 존재하지 않는다. 최종적으로 죽음에 이른다고 하더라도, 그때까지의 삶의 기간에 사람들은 위협과 불안으로 나타나는 죽음을 어떻게든 지나가도록 넘기지 않을 수 없다. 모더니티·포스트모더니티론의 대표적 논객인 사회학자 지그문트 바우만(Zygmunt Bauman)은 이 넘어가게 하는 전략을 '생존전략'(Survival Strategy)이라고 부른다. 그리고 모더니티에 특징적인 전략을 '치사(mortality)의 탈구축', 포스트모더니티의 특징적인 전략을 '불사(immortality)의 탈구축'이라고 하고 있다.[12] 후자의 '불사의 탈구축'에 대해서는 이후에 다루는 것으로 하고, 여기에서는 전자인 '치사의 탈구축'에 대해서 살펴보도록 하자.[13]

'치사의 탈구축'이란 죽음이라는 최종적인 운명(mortality)에 대

해 직시하는 것을 회피하려고 장래의 죽음이라는 신체의 궁극적 한
계를 현시점에서 직면하고 있는 특정의 한계로 연속적으로 분해해
가는 것이다. 사람은 죽음이라는 궁극적인 운명에 저항하지는 못하
더라도 죽음으로 이어질지 모르는 무수한 원인에 대처할 수는 있다.
"사람은 단지 죽는 것이 아니다. 병이나 살인으로 인해서 죽는 것이
다. 죽음에 이르는 것을 이겨내려고 해도 할 수 있는 것이 없다. 그러
나 혈전이나 폐암을 방지하기 위해 할 수 있는 것은 많다."[14] 죽음을
신체·건강 관리에 대한 수많은 걱정거리로 바꿔 읽으면서, 그것에
합리적으로 계속 대처함으로써 죽음을 넘기도록 하는 것이 이 '치사
의 탈구축'이라는 전략이다. "죽음과 싸우는 것은 무의미하다. 그러
나 죽음의 여러 원인과 싸우는 것은 인생의 의미가 된다."[15]

　이러한 행위에서 죽음은 단지 부정되어야 하는 것이라는 의미를
갖는다. 그리고 죽음의 여러 원인을 처리하려는 행위가 끊임없이 이
뤄지게 된다. "죽음은 교수형 집행인이 맡게 된다." 즉, 죽음은 인생
의 최후에 나타나서 우리의 목숨을 끊는 자라기보다 오히려 그 모습
은 보이지 않고 우리도 보려고 하지 않지만, 그래도 여전히 인생의
여러 일에 두루 있으면서 우리를 지켜보고 있는 눈이라는 존재가 된
다. 그래서 사람은 죽음의 여러 원인과 대치하게 되는 싸움이라는
손을 쉬게 할 수 없는 것이다. "죽음은 한순간의 일이지만, 건강을
지키고 그것을 해치는 것에 대한 싸움은 평생의 일이 된다."[16] 그리
고 이렇게 대처 가능한 여러 원인으로 분해된 죽음을 끊임없이 합리
적으로 계속 처리하는 한, 사람은 죽음을 부정할 수 있다고 생각할
수 있는 것이다. "합리적인 노력은 비합리성이란 끝없이 괴어있는

물을 배출하려는 시도를 계속한다. 그러한 노력이 끝없이 이뤄지지는 않겠지만 적어도 그 노력이 멈추지 않는 동안은 그 끝에 대해 다시 생각할 필요는 없는 것이다.”[17]

또 죽음의 여러 원인은 개인에 따라 다르기 때문에, 그에 대처하려는 행위도 개별적인 것으로 된다. 프리모던에서의 죽음이 '성스러운 천개' 하에서 모든 자에게 공통의 여행길, 같은 장소에 이르는 '공적인 입구'라고 한다면, 모더니티에서의 죽음은 개별적인 원인으로 생겨나는 일, 사적인 인생으로부터의 '사적인 출구'로 된다. 그리고 그 출구의 저편에 무엇이 있는지도 분명하지 않다. 죽음이 이러한 사적인 출구로서, 최종적인 운명으로 있는 이상, 치사의 탈구축이라는 전략을 취한다고 하더라도 그 수행의 좋고 나쁨을 측정하는 결정적인 기준은 기본적으로 존재하지 않는다. 만약 무언가 그러한 기준을 대신한다면, 하나는 타인과의 비교, 즉 타인보다 오래 살아남는다는 사실이다. “우리는 자신의 죽음을 넘어서 살아갈 수 없다. 그러나 우리는 확실히 타자의 죽음을 넘어 살아가고 타자의 죽음은 우리의 성공에 의미를 부여해준다. 즉, 아직 나는 살아있다고.”[18] 그리고 또 하나는 자기의 행위를 정당화해주는 '전문가'의 존재이다. 건강·신체 관리를 둘러싼 여러 가지 조언들이 그 진위는 어찌 되었든 사람들의 행위를 둘러싼 정당성을 조달하는 존재로 된다.

제1장에서 베버가 다뤘던 예정설을 믿는 프로테스탄트들을 상기해보자. 근대사회의 합리적인 생활 태도를 배양했다고 베버가 보는 프로테스탄트의 생활 태도는 앞에서 보아 왔던 치사의 탈구축이라는 전략을 취하는 사람들의 태도와 시대적인 배경은 물론 다르다고

하더라도 어딘가 비슷하지 않을까. 예정설에서는 사람들이 스스로 사후의 운명을 결코 알 수 없었다. 그러나 사람들은 그 불가지의 운명을 대체하여 생활을 합리적으로 정연하는 것으로 '구제의 확신'을 스스로 얻으려고 했다. 그러나 그러한 행위는 최종적인 운명이 불가지인 이상, 어디까지 가도 끝날 일이 없다. 오히려 사람들은 그러한 행위에 몸을 던지고 계속 움직이는 것으로 불가지의 운명인 죽음을 넘기고 있었다고 할 수 있다. 그리고 여기에서 말하는 '구제의 확신'을 '건강의 확신' 또는 '죽음의 여러 원인을 처리하는 것으로서의 죽음의 부정'으로 바꿔 말하면, 그것은 바로 모더니티에 사는 치사의 탈구축이라는 전략을 하는 사람들의 모습이다.

4. 레이트모던의 죽음, 포스트모던의 죽음

포스트모더니티에서 죽음의 형태에 대해 살펴보도록 하자(<그림 4> 참조). 미국이나 영국 등 선진국에서는 특히 1970년 이후 앞에서 살펴본 모더니티의 죽음의 형태에 들어가지 않는 죽음을 둘러싼 여러 가지 태도나 사고방식이 나타나기 시작했다. '성스러운 천개'를 예로 들었던 것과 같은 종교적 또는 유사종교적인 의미 세계, 혹은 그것을 지지하고 있던 종교적 공동체, 지역공동체가 약체화, 해체되어 가는 가운데 공유된 죽음의 형태는 잃어버리고 있다. 그 대신에 죽음에 대한 의미부여가 사적으로 고려된다고 하는, 말하자면 '죽음의 사사화'가 일어난다. 그리고 공적으로 죽음은 앞에서 모더니티의 죽음에서 보았던 것처럼 터부시되고 직업적·상업적 전문가가 관리하는 것으로 된다. 여기까지 와서 공적인 죽음의 처리 방법과 사적인 죽음을 받아들이는 방법은 어긋나게 된다. 개개인 또는 그것을 둘러싼 가족이나 친구 등 사적인 차원에서는 각각의 방법으로 자신다운, 자신이 만족할 수 있는 죽음이나 사별의 형태를 선택하고 싶다는 요구가 커지게 된다. 종래의 공적인 죽음의 처리에서는 그러한 요구가 충족될 수 없다. 결과적으로 죽음을 둘러싼 사적인 언설이나 경험이 죽음을 둘러싼 공적인 언설이나 처리 속으로 들어가 그것을 단편화하고 다양화하는 현상이 일어난다. 포스트모더니티에서 죽음의 형태는 다양화되고 사적인 언설이나 경험, 개인의 선택이 존중되고 축복을 받는다.

이상과 같은 변화를 월터는 모더니티에서의 죽음의 부정에 대비하는 형태로 '죽음의 부활'이라고 부른다.[19] 20세기 중기 이후로 항생물질이 개발되면서 결핵 등 감염증으로 인한 죽음은 감소하고 암, 심장병, 뇌혈관장애 등 만성적인 성인병이 선진국에서 주요 사인이되었다. 언제 폭력적으로 혹은 갑자기 죽게 되는 죽음과 이웃인 삶이 아니라 오히려 천천히 '죽어가는' 과정을 사람들은 살아가게 되었다. 여기에서 생겨난 시간적인 여유가 사람들에게 자신의 죽음 방식을 생각할 수 있는 여지를 남기도 있다고 볼 수 있을 것이다. 이러한 경향의 구체적인 예는 다음과 같다. 의료진에게 관리를 받는 것이 아니라 환자가 스스로 죽음에 이르기까지 자신의 삶을 관리하기 위해, 말기 암이라도 고지되어야 한다거나 호스피스나 완화케어 병동 등 대체적인 수단이 요구되고, 더 나아가 환자 스스로 죽음을 결정하는 안락사나 존엄사의 권리를 주장하기도 한다. 또 사업적인 장례식이나 사무적인 장송이 아니라 자신다운 장례식이나 산골 등 자연장이 요구되기도 한다. 사별에 관해서도 형식적인 상례로 일관하는 것이 아니라 개인적인 비애의 감정을 표출하고 타자와 서로 이야기하는 것이 요구되고, 그것을 위해 사별을 둘러싼 카운슬링이나 자조그룹(self-help group)이 활발히 이뤄진다. 이렇게 죽음의 형태를 스스로 창조하려는 경향이 포스트모더니티에서는 현저하게 된다.[20]

그런데 월터는 이상의 포스트모던적 경향에는 오히려 레이트모던이라고 해야 더 적합한 경향이 수반되어 있다고 말한다.[21] 포스트모던(탈근대)이라는 말은 모더니티와는 기본적으로 이질적인 경향이 출현했다는 것을 가리키는데, 레이트모던(후기근대)이라는 말은 오히려 모더니티의 연장선상에서 나타나는 경향을 가리킨다. 포스트모더니티에서는 죽어가는 사람이나 사별의 슬픔에 빠진 사람의 경우 합리적으로 관리되고 침묵을 지키는 것이 아니라 오히려 자신의 감정을 자유롭게 표출할 수 있도록 촉구한다. 그러나 이러한 감정의 표출을 예를 들어 카운슬러가 촉진하고 지지해간다고 하면, 거기에는 오히려 상담적인 수법을 통해 사람들의 마음이 관리되고 있다고 말할 수 있지 않을까 하는 점이다. 만약에 그렇다면, 그것은 모더니티의 관리에서 이탈한 포스트모던적 경향이라기보다 오히려 모더니티의 관리가 보다 세련된 레이트모던적인 경향이라고 할 수 있을 것이다. 나중에 제7장에서 더 자세히 검토하겠지만, 예를 들면, 엘리자베스 퀴블러 로스(Elisabeth Kübler-Ross)가 말하는 임종과정의 5단계 심리과정 이론(부인→분노→거래→우울→수용)[22]이나 콜린 머레이 파크스(Colin Murray Parkes)의 사별의 비탄을 둘러싼 4단계의 심리적 과정 이론(마음의 마비→절망→혼란과 절망→회복)[23]처럼 죽음을 둘러싼 사람들의 심리를 단계적인 것으로 파악하려고 하는 이론이 있다. 이러한 이론은 카운슬링이나 그것과 유사한 케어 현장에 도입되고, 때로는 '심리학적으로 보아서 건강한', '정상적인' 심리적 과정을 가리키는 것으로 이해되고 운용되는 경우가 있다. 이런 경우, 개개인의 감정의 자유로운 표출이 칭송되는 것처럼 보이지만, 실은 카운슬러나 케어하는 쪽이 공유하는 정상적인 심리 과정의 이미지, 말하자면 '우리의 죽음'으로 개개인이 유도되고 있는 것인지도 모르겠다.

나아가, 이러한 레이트모던의 '세련된 관리'라고 하는 것은 개인의 자유와 대치되는 듯한 '전문가에 의한 관리'의 형태를 취하는 것이 아니다. 아르나르 아르나손(Arnar Arnason) 등은 영국 최대의 사별 카운슬링 조직인 '크루즈 사별 케어'(Cruse Bereavement Care)를 조사하고서, 그곳에서는 오히려 케어를 받는 사별자 자신이 '전문가'로 간주된다고 보고하고 있다.[24] 즉, 비탄의 경험은 본래 개인에 따라 다르게 독자적으로 경험되는 개별적인 것이고, 본인을 제외한 아무도 그것에 대해 전문가라고 칭할 수 없을 것이라는 점을 말하는 것이다. 크루즈의 이러한 사고방식의 기초가 되는 것은 칼 로저스(Carl R Rogers)의 내담자(클라이언트) 중심요법이다.[25] 여기에서는 카운슬링에서 주인공은 어디까지나 내담자라는 것을 말한다. 카운슬러는 자신의 생각을 강요하는 것이 아니라 내담자가 자신의 감정을 표출하면서 자신이 스스로 감정이나 상황에 대해 이해할 수 있도록 촉진시킨다. 그러나 아르나르 등은 이러한 카운슬링으로 감정이나 경험을 표출하는 것은 '자연스러운 일'이라기보다 오히려 주체화로 인한 관리의 일환이 아닌가 하고 말한다. 즉, 개개인이 일종의 전문가로서 각자 독자의 개별적 경험을 스스로 관리하도록 하는 카운슬링의 체제가 여기에 나타나고 있는 것은 아닐까 하는 것이다.[26]

월터 자신은 사별에 대해, 레이트모던과 포스트모던에 각각 대응하는 것으로 비탄 과정의 카운슬링과 상호적인 자조그룹을 들고 있다.[27] 이 도식에 따르면, 레이트모던의 맥락에서 권위를 가진 것은 치유사들이고 카운슬링 가운데 전문적 지식을 통해 사적인 경험이 정의된다. 그에 반해, 포스트모던의 맥락에서 권위를 가진 자는 자신이고 자조그룹 내에서 각각의 감정이나 이야기가 표현되면서 사적인 경험이 공적인 자리에서 표출된다. 물론 월터의 정의에 맞지 않는 사례, 예를 들면 사별체험을 둘러싼 자조그룹에 카운슬러가 참여하거나 카운슬링적인 수법이 조직적으로 도입되는 경우들도 있다. 그렇지 않고, 같은 사별이라는 체험을 한 사람들이 단지 같은 체험을 했다는 점에서 인연이 되어 모이고, 자신의 경험이나 감정을 자유롭게 이야기하는 형태가 자조그룹에 존재하는 것도 사실이다. 그러나 이러한 그룹에서 포스트모던의 사적 경험의 축복, 혹은 다양성이 그대로 긍정되는 형태가 늘 충분히 실현되고 있느냐 하면 반드시 그렇다고 말할 수도 없는 것은 명백하다. 월터 자신도 인정하듯이, 자조그룹에서도 특정의 핵심되는 사람의 견해가 지배적으로 되기도 하고 혹은 분위기라고 하는 막연한 형식이기는 하지만 특정한 슬픔의 방식이 긍정적으로 보이게 되기도 하는 등의 상황이 일어나기도 한다.[28] 자조그룹에서도 그 자체의 문화 규범이 생기고 그것에 공감하는 사람이 있는가 하면 반대로 그에 대해 위화감을 갖는 사람도 있다. 거기에 동화하는 사람도 있고 배제되는 사람도 있다.

이상에서 지적한 것처럼, 죽음이나 사별을 둘러싼 포스트모던 경향, 즉 개인의 선택 자유, 사적 경험의 다양성 긍정의 방향으로 향하는 경향에는 레이트모던의 세련된 관리라고 하는 경향, 혹은 자유로운 활동으로부터 또다시 생겨나는 동화와 배제의 경향이 수반되어 있다고 볼 수 있을 것이다. 이 자체의 시비에 대해서는 제7장에서 고찰하겠다. 다만, 어느 쪽이든 여기에서 짚어두고 싶은 것이 있다. 즉, 이러한 수반 현상이 일어나는 것은 만약 개인의 선택이나 사적 경험의 다양성이 긍정된다고 하더라도, 그러한 선택이나 경험이 실제 어떤 구체적인 형태를 취하는가에 대해서는 명백하지 않기 때문이다. 다시 말하자면, 포스트모던의 맥락에서 죽음이나 사별에 관해 개개인이 '자신다움'을 요구한다고 하더라도 그 자신다움이라는 것의 구체적인 내용이 원래 자명한, 빤한 것은 아니기 때문이다. 자유롭게 자기 마음대로 하면 좋다고 하는 환경이 바람직하게 보이는 경우도 있지만, 때로는 사람들에게 불안감, 고립감, 무력감을 안겨주기도 한다. 이러한 점 때문에, 죽음의 고지나 비탄 감정을 드러내는 것을 원치 않는, 모던의 죽음으로 회귀하는 사람들도 있다. 마찬가지로 선택의 자유를 손에 들고서 어찌할지 모르고 레이트모던의 세련된 관리에 몸을 맡겨버리는 사람들도 있다.

5. 포스트모더니티와 '불사의 탈구축'

일반적으로 현대사회를 포스트모더니타라는 관점에서 이해하려는 경우, 소비사회·정보사회로서의 특질에 초점을 두는 경우가 많다. 보드리야르의 논의는 이러한 시야를 개척한 선구적인 작업으로서 자리매김하고 있다.[29] 일찍이 존 케네스 갤브레이스(John K Galbraith)는 소비사회를 최저한의 필요가 충족된 다음에도 소비를 계속하기 위해 상품과 함께 그 소비욕구 자체까지도 창출해가는 사회로 파악했다. 이것을 이어받아 보드리야르는 그러한 사회에서 상품은 유용성(사용가치)이나 금액으로 표현되는 가치(교환가치) 이외에 '기호가치', 즉 상품 상호의 관계망 속에서 어느 특정한 분위기나 이미지를 담당하는 기호로서의 가치를 보다 많이 가지게 된다고 말한다. 소비활동은 이러한 기호로서의 상품을 조화롭게 맞추면서 자신다움을 연출하는 작업이고, 그 작업에 끝은 없고 욕구는 끝없이 갱신되어간다. 이러한 소비활동은 능동적인 것임에도 불구하고 거기에서 사람들은 개성이나 자신다움을 스스로 연출한다기보다 오히려 결과로서 그러한 역할을 무의식 속에 연기하도록 만들어지고 있다고 볼 수도 있다. 매스미디어를 통해 유통되는 여러 종류의 다양한 광고나 CM은 욕망의 환기장치로서 적용하고 새로운 소비욕구, 심리적인 결핍감을 생기게 한다. 그것이 소비로 사람들을 유도하고 나아가 그것이 산업 시스템의 유지와 확대로 이어지는 것이다.

소비사회에서는 우리의 리얼리티 감각 또한 변용된다. 매스미디어에 넘치는 광고나 CM의 의도는 상품에 대한 정확한 정보를 전달하는 것만이 아니다. 오히려 거기에서 제시되는 이미지는 소비욕구를 유발하는 것이 중요하고, 그 내용이 진실인지 허구인지 하는 것은 제일의 관심사가 되지 않는다. 정보화로 인한 정보공간이 확대되면서 이러한 경향은 CM이나 광고만 아니라 일반적인 정보에도 파급되어 간다. 사람들은 수많은 정보의 진위를 다시 문제로 하는 일 없이 계속 그러한 정보에 따라 생각하고 또 행동하면서 현실 세계를 형성한다. 거기에서는 현실과 허구의 구별이 무효화되는, 보드리야르가 말하는 '시뮬레이션'의 세계 혹은 '하이퍼 리얼리티'(hyperreality)의 세계가 나타나고 있다고 말할 수 있을 것이다.

이러한 정보·소비사회에서는 죽음 또한 '디자인'된다고 볼 수 있겠다.[30] 앞에서 본 것처럼, 모더니티에서 합리적 세계의 절대적 타자인 죽음은 삶에서 철저히 분리되고 배제되었다. 그래도 여전히 표면에 떠오르는 죽음에 대해 포스트모더니티에서는 말하자면 '메이크업'이 이뤄지고, 그 근본적인 타자성은 근절된다. 이렇게 죽음은 '구경거리화' 되고, 정보로서 유통되거나 혹은 '삶의 모조품'으로 되고, 상품으로서 소비되기도 한다.

이상과 같은 보드리야르 논의의 연장선상에서, 바우만은 포스트모더니티의 죽음에 대해 논의한다. 앞에서 살펴봤듯이, 바우만은 죽음을 넘기는 전략, 즉 '생존전략'에 대해 논하고 모더니티의 특징적인 전략을 '치사의 탈구축', 포스트모더니티의 특징적인 전략을 '불사의 탈구축'이라고 불렀다. 여기에서는 후자의 '불사의 탈구축'에 대해 살펴보도록 하자.

우선 불사성(immortality)에 대해서 말하자면, 프리모던 사회에서는 종교적 언설에 의해 불사성이 보증되어 있었다. 그리고 '성스러운 천개'의 해체 뒤, 모더니티에서 불사성은 사후에도 남는 명성이라는 형태로 혹은 개개인이 그 일부가 되는 국가·조직·가족 등 집합체의 불사성이라는 형태로 유지되었다. 후자의 경우를 말하자면, 개개인은 그러한 집합체에 공헌함으로써 그 역사에 영원히 이름을 새길 수 있다. 그러나 명성은 원래 소수자의 것에 불과하고 또 포스트모더니티에서 국가나 가족 같은 집단은 그 구속력이 약해지고 사람들의 관계 방식은 보다 유동적이고 다양하게 된다.[31] 포스트모더니티에서 문자 그대로의 불사성은 이제 상실된 것처럼 보인다. 그러나 바우만은 오히려 거기에서 '불사의 탈구축'이라는 특징적인 전략을 찾아낸다. 정보·소비사회인 포스트모더니티에서 CM이나 광고 등 정보는 계속해서 새로운 것으로 대신하게 된다. "뉴스의 주된 역할은 어제의 뉴스를 쫓아버리고 내일의 뉴스에 쫓겨나는 것에 있다."[32] 또 그것에 따라 우리의 소비나 생활 전반의 양상도 시시각각 변화하고 갱신된다. 거기에는 무상(無常)이라고 하는 것, 혹은 어떤 치사성이 영원히 반복되고 있다. "나날이 반복되는 치사성이 불사성으로 바뀐다. 모든 것이 불사적으로 되지만, 어느 것도 불사적이지는 않다. 실제로 무상이라는 것만이 영속적이다."[33] 덧없음이 영속적이 되는 이러한 상황에서는 '치사'와 '불사'라는 두 항의 대립도 그 의미를 잃는다. 계속해서 잃게 되고 없어지는 것이 끊임없이 반복되는 이러한 상황에서, 비유적으로 말하자면, '가역적인 죽음'이 날마다 끊임없이 연습으로 이뤄지고 있다. 그것에서 죽음은 되돌릴 수 없는 삶의 종언이 아니라, '일시적인 소실'로 대체되어 읽힌다. "나날의 생활은 죽음의 영원한 무대연습이 된다. 우선 연습하게 되는 것은 사람이 획득할지도 모르는 사물이나 사람이 만들게 될 인연의 무상함과 덧없음이다."[34] 이렇게 반복되는 연습의 결과로서 사람들은 되돌릴 수 없는 근본적인 상실과 일시적인 상실의 차이를 느끼는 것에 무관심하게 된다. 바우만에 따르면, 그 효과는 예방접종과 같은 것이다. 그것은 어느 정도 해독되어 약이 된 독을 매일 주입함으로써, 독에 대한 면역을 높이고 신체에 있는 독에 대해 사람들이 무관심하도록 만든다. 반복되는 상실로 인해, 사람들은 상실 그 자체에 또 삶의 도중에 나타나는 수많은 상실과 인생의 마지막에 찾아오는 근본적 상실의 차이에 대해 그다지 주의하지 않게 된다.

이상과 같은 불사의 탈구축이라는 전략에서 불사는 어떤 완성된 상태가 아니라 순간순간 향락의 연속이다. 순간순간이 덧없는 것이라도 잇따라 나타나는 새로운 것이 만족을 주고 그것이 끝없이 연속하는 한에는 상실을 슬퍼하고 탄식할 일은 없다. 이렇게 해서 포스트모더니티에서 죽음의 불안이나 위협이 넘어가게 되는 것이다.

6. 자유와 '외투 보관실(Cloak Room) 공동체'

그런데, 위와 같이 포스트모더니티에서의 죽음을 묘사하면서도, 바우만은 모든 것이 지나가고 다양화하여 유동화한다는 이미지를 강조하는 것에 멈추지 않는다. 오히려 포스트모던의 정보·소비사회에서는 일종의 공동체가 형성된다고 말한다.[35] 포스트모던의 정보·

정보사회에서 사람들은 스스로 선택하는 데 강요되는 것을 싫어한다. 이런 의미에서는 자유를 바라면서도 동시에 자신의 선택이 고립되어버리는 것도 싫어한다. 사람들은 자신의 선택이 타자에서 추인되는 것을 동시에 바라는 것이다. 이러한 사람들의 지향이 정보·소비 공간에 일종의 공동체를 생성한다. 그것은 미디어를 통해 제공되는 현시점에서의 평가, 유행, 인기를 둘러싼 정보를 중핵으로 하면서 생겨난다. 그런 정보 속에서 제공되는 라이프 스타일, 생활의 모델, 나아가 죽음이나 사별 방식의 모델을 둘러싸고 사람들 사이에는 공감의 공동체가 형성된다. 그렇더라도 이러한 공동체는 프리모던의 전통적인 공동체 혹은 모던의 견고한 조직과는 매우 다르다. 포스트모던의 공동체에서 사람들은 서로 만난 적도 없고 또 원래 만날 필요도 없다. 포스트모던의 공동체는 사람들 사이의 상호작용이나 통합을 위한 조직화를 필요로 하지 않는다. 포스트모던에서 공동체의 멤버가 되는 일은 의무적이지 않고 강제적이지도 않다. 원래 "멤버가 된다"는 말이 의미가 없을 정도로 참가와 이탈의 경계가 모호하다. 포스트모던의 공동체 멤버는 오히려 자신들의 집합이 공동적이라고 하는 어느 특정한 시점에서 "믿고 있을 뿐"이라고 하는 것이 맞다. 그 의미에서 포스트모던의 공동체는 사람들의 '상상력의 산물'이다. 그리고 시간이 흘러, 평가나 유행도 변하면서 공동체 또한 계속 소멸되고 동시에 새로운 공동체로 대신하게 되는 것이다.

바우만은 포스트모던의 이러한 공동체를 비유적으로 '외투 보관실 공동체'라고 부른다. 극장을 찾는 사람들은 시간이 되면 같은 장소에 모이고, 보관실에 입고 있던 옷을 맡기고, 무대를 즐긴다. 그러나 무대가 끝나면, 보관실에 맡겼던 옷을 돌려받고 혼잡한 무리 속으로 사라진다. 바우만은 다음과 같이 말한다. "외투 보관실 공동체는 각자가 따로 공통의 흥밋거리에 맞는 공연을 상연하고, 일정기간 그들의 관심을 유지해야 한다. 그 사이에 사람들의 다른 관심(통일이 아닌 분리의 원인이 됨)은 일시적으로 보류되어 뒤로 미뤄지거나 완전히 포기하게 된다. 극장의 구경거리로 잠깐 동안의 외투 보관실 공동체가 성립되지만, 그 관심을 융합하고 혼합시켜 '집단적 관심'으로 통일시키지는 않는다. 관심은 단지 모이는 것뿐이고 새로운 특성을 획득하는 것도 없다. 공연이 만들어내는 공통의 환상은 공연의 흥분상태에서 깨어나면 구름처럼 흩어지고 사라진다."[36] 죽음이나 사별에 관한 공연 또한 예외가 아닐 것이다. 더 구체적으로는 제6장에서 고찰하겠지만, 죽음을 둘러싼 여러 이미지가 제공되고 그것에 대해 외투 보관실 공동체, 다시 말하자면 같은 '죽음의 이야기'를 공유하는 '상상의 공동체'가 정보·소비공간에 생기고 또 사라지는 것이다.

개인의 선택이 존중되고 다양성이 긍정되는 포스트모더니티에서 이상과 같이 어떤 공동체가 생성되는 이유는 앞에서 레이트모던의 경향에 대해 살펴봤을 때 언급했던 내용과 같다. 즉, 포스트모던의 맥락에서 개개인이 '자신다움'을 구한다고 해도 그 자신다움이라는 것은 원래 구체적인 내용이 자명한 것이 아니기 때문이다. 그것에서 사람들은 확실히 '자신다움'에 대한 '권리'를 가지고 있을지는 모르겠지만 실제로 '자신다움'이 무엇인지는 분명하지 않다. 그것은 개개인의 내면에서 자연스럽게 솟아 나오는 것이 아니다. 만약 그것이 존재한다고 하더라도 그것은 타자와 주고받는 이야기 속이나 정보를 수집하는 가운데 만들어 내는 것이다. 그리고 그렇게 해서 만약에 '자신다움'이 어떤 형태를 가졌다고 해도 또 그것이 만약에 개개인의 주체적인 활동의 결과라고 하더라도 거기에는 이미 여러 공동성의 각인이 새겨져 있을 것이다.

[주]————————

1 포스트모던을 들러싼 용어의 정리에 대해서는, 今村法之, 『(Sekaishiso Seminar) 溶解する近代—社会理論とポストモダニゼーション』, 世界思想社, 2000), 123-155쪽 참조.
2 ジャン フランソワ リオタール, 『(叢書言語の政治1)ポスト・モダンの条件—知・社会・言語ゲーム』, 小林康夫訳, 書肆・風の薔薇, 1986(原著1979).
3 ジークムント バウマン, 『リキッド・モダニシティ——液状化する社会』, 森田典正訳, 大月書店, 2001(原著2000).
4 버거의 이론적인 입장에 대해서는 ピーター L.バーガー・トーマス ルックマン, 『現実の社会的構成—知識社会学論考』(山口節郎訳, 新曜社, 2003[原著1966]) 참조.
5 ピーター L. バーガー, 『聖なる天蓋—神聖世界の社会学』, 園田稔訳, 新曜社, 1979(原著1967).
6 같은 책, 123쪽.
7 같은 책, 85쪽.
8 부연하자면, 일본의 전통적 사회에서는 예전에 야나기타 쿠니오(柳田國男)가 종전 직전인 1945년 봄, 『先祖の話』에서 기술한 것처럼, 죽은 자는 죽어도 가까이에 있고, 우란분절 등 매년 날을 정해 자손의 집을 오간다고 하는 생각이 일반적이었다고 볼 수 있다. 또 사자의 영혼은 일정한 세월이 지나면, 개성을 버리고 조령과 유합되고, 일체가 된다는 생각도 있었다(柳田國男, 「祖先の話」, 『(ちくま文庫) 柳田國男全集十三』, 筑摩書房, 1990[原著1946]). 그것에는 집이나 지역공동체를 기반으로 하여, 산 자는 물론 죽은 자까지 포함하는 의미 세계, 코스모스가 형성된다. 집이나 촌락, 나아가서 자연까지도 포함하는 코스모스 속에서 사람은 살아가고 죽어간다. 그리고 죽었다고 해도 어딘가 다른 세계에 가버리는 것이 아니라, 같은 코스모스 속에 계속 머문다. 그곳에서는 가토 슈이치(加藤周一)가 언급한 것처럼, "죽음의 의미는 개인이 주는 것이 아니라 사회가 주는 것이다." 그곳에서는 먼저 영원한 코스모스, "집단의 불사가 있고, 개인의 죽음이 상징적으로 상대화된다." 다시 말하자면, 개인의 생은 비록 '무상'(無常)이라고 해도, 그 존재는 '상'(常)인

공동체에 포함되는 것이다(加藤周一·M.ライシュ·R.J.リフトン, 『(岩波新書)日本人の死生観(下)』, 岩波書店, 1977, 186-216쪽.

9 ジャン ボードリヤール, 『(ちくま学芸文庫)象徴交換と死』, 今村仁司·塚原史訳, 筑摩書房, 1992(原著 1976), 374쪽.

10 참고로 일본사회의 경우, 장소별 사망자수를 보면, 1951년 병원에서 사망한 자는 전체 9.1%, 진료소에서 사망한 자는 2.6%인 것에 비해, 자택에서 사망한 자는 82.5%, 기타(시설 외)가 5.9%로, 병원·진료소 등 시설 내에서의 사망이 10%를 조금 넘었던 것에 비해, 자택 등 시설 외에서의 사망은 90%에 가까웠다. 이 비율은 1970년대에 역전되었다. 2000년의 자료를 보면, 병원에서의 사망이 78.2%, 진료소 2.8%, 노인보건시설 0.5%, 요양원 1.9%로 시설 내에서의 사망이 80%를 넘은 것에 비해, 자택에서의 사망은 13.9%, 기타(시설 외)가 2.8%로, 자택 등 시설 외에서의 사망은 20%에 미치지 못한다(厚生労働省,「人口動態統計」). 이와 같이, 예전에는 많은 사람이 (1970년경까지는 과반수의 사람이) 자신이 오래 살았던 정든 집과 방에서 가족이나 이웃들 곁에서 죽었던 것에 비해, 근래에는 많은 사람이 병원 등 시설 내에서 죽는 것으로 나타났다.

11 ジャン ボードリヤール, 『(ちくま学芸文庫)象徴交換と死』, 305쪽.

12 Zygmunt Bauman, *Mortality, Immortality and Other Life Strategies,* Stanford University Press, 1992; Zygmunt Bauman, "Survival as a Social Construct," *Theory, Culture & Society,* 9, 1992, pp. 1-36.

13 Mortality는 죽어야 할 운명에 있는 것, 죽음을 면할 수 없는 것을 의미하는 말인데, 여기에서는 '불사'와 대응시키기 위해서 '치사'라는 번역어를 사용했다. 또 '탈구축'이라는 말은 포스트모더니즘의 대표적인 논객으로 흔히 거론되는 프랑스 철학자 자크 데리다(Jacques Derrida)의 술어이다. 여기에서는 기존의 현상을 재편성하고 그 의미를 다시 읽음으로써, 그것에서 새로운 현상이나 의미를 이끌어내는 것이라고 생각하면 될 것이다.

14 Bauman, "Survival as a Social Construct," p. 5.

15 Idid., p. 7.

16 idid., p. 20.

17 Bauman, *Mortality, Immortality and Other Life Strategies.* p. 152.

18 Bauman, "Survival as a Social Construct," p. 10.

19 Tony Walter, *The Revival of Death,* Routledge, 1994, pp. 26-38.

20 참고로 일본에서 이러한 경향이 현저해진 것은 1990년 이후라고 볼 수 있다. 예를 들면, 사전의료의향서를 등록한 일본존엄사협회 회원수는 1980년대 1만 명 이하였지만, 90년에는 1만 명을 넘어, 92년에는 3만 명, 94년에는 6만 명, 2002년 말에는 10만 명에 달하고 있다. 또 암 고지에 대해서도 1980년대에는 고지하지 않는다는 사고방식이 주류였는데, 90년대 이후에는 고지를 추진하는 분위기가 높아졌다. 후생성의 연구반이 전국 암(성인병)센터협의회 가맹시설(28시설)을 대상으로 진행한 99년 조사에 따르면, '암센터군'(암 전문병원)으로 분류된 시설에서의 통지율은 85.2%, '종합병원군'으로 분류된 시설에서의 통지율도 65.8%에 달하고 있다(田部井敏夫·酒井洋·菅又德孝·小林国彦·久保良子·小林美智子·村木好美·下永

吉麻理·稲葉幸枝·佐田並子, 「真実を訴げた患者へのケア——マニュアル化の試み」, 『がん患者と対症療法』, 第十二巻第二号, メディカルレビュー社, 2001년, 21쪽). 이러한 움직임에는 미디어도 관여하고 있다. 1990년대 전반, 자신의 죽음에 대해 생각하는 것을 취지로 하는 여러 베스트셀러가 나왔다. 예를 들면, 야마자키 후미오 (山崎章郎)의 『病院で死ぬということ』(主婦の友社, 1990), 『続·病院で死ぬということ』(主婦の友社, 1993)이 있다. 또, 에이 로쿠스케(永六輔)의 『大往生』(岩波書店, 1994)도 岩波新書로서는 전례없이 판매되었다. 1990년대 후반이 되면서, 학술적인 것이 아니라 일반 잡지(월간지, 계간지)의 특집이나, 임시 증간된 경우에도 죽음은 자주 거론되는 주제가 되었다. 몇 가지 특집명을 그대로 열거해보면 다음과 같다. 「행복한 죽음을 위해(幸せな死のために)」, 「병원에서 행복한 죽음을 맞이하기 위해(病院で幸福な死を迎えるために)」, 「편안하고 후회없는 '왕생'을 추구하며 (安らかで悔いなき'往生'を求めて)」, 「죽음의 준비, 인생의 마무리에(死の準備, 人生の店じまいに)」, 「'죽음'과 마주 대하기 위해('死'と正しく向き合うために」, 「죽기 위한 '교양'(死ぬための'教養')」, 「자랑스럽게 '죽기'위해(誇り高く'死ぬ'ために)」, 「부러운 죽음(うらやましい死に方)」. 아울러 일본사회의 사회변동과 사생관 변용의 관련에 대해서는 다음을 참조. 澤井敦, 「現代日本の死生観と社会構造(上·下)」, 『人間関係学研究』, 第一号, 大妻女子大学人間関係学部, 2000, 13-29쪽, 第二号, 2001년, 235-251쪽.

21 Walter, op.cit., pp. 39-46.

22 エリザベス キューブラー·ロス, 『死ぬ瞬間』.

23 コリン M.パークス, 『死別——遺された人たちを支えるために(改訂)』, 桑原治雄·三野善央訳, メディカ出版, 2002(原著 1996), 13-15쪽.

24 Arnar Aenason and Sigurjon Baldur Hafsteinsson, "The Revival of Death: Expression, Expertise and Governmentality," British Journal of Sociology, 54, 2003, pp. 43-62.

25 사이토 다마키(斎藤環)에 따르면, 로저스의 기법은 일본에서도 1950년대에서 60년대에 걸쳐서 열광적으로 받아들였다. 현재 로저스의 이름이 직접 인용되는 일은 적어졌다고 해도, 그러한 사고는 여전히 카운슬링의 핵심에 자리잡고 있고, 자명한 전제로 되어 있다(斎藤環, 『心理学化する社会——なぜトラウマと癒しが求められるのか』, PHP研究所, 2003, 81-121쪽).

26 일본에서의 카운슬링에 대한 같은 비판으로, 小沢牧子, 『(洋泉社新書y)「心の専門家」はいらない』(洋泉社, 2002) 참고. 카운슬링에서는 대등한 관계 속에서 내담자가 자기결정을 해나가도록 하는 것이 촉구된다. 그러나 오자와(小沢)에 따르면, 실질적으로 내담자는 암묵적으로 바람직하다고 기대되는 자기결정을 하도록 유도된다. 즉, 체제에 자발적으로 적응하도록 촉구되는 것이다. 여기에는 말하자면, "자유롭게 정해라, 단, 바람직한 형태로"라고 명하는 것과 같은 관리구조가 있다.

27 Tony Walter, On Bereavement: The Culture og Grief, Open University Press, 1999, p. 186.

28 ibid., pp. 187-204.

29 ジャン ボードリヤール, 『消費社会の神話と構造』, 今村仁司·塚原史訳, 紀伊國屋書

店, 1979(原著 1970); ジャン ボードリヤール, 『(叢書・ウニベルシタス)シュミラークルとシュミレーション』, 竹原あき子訳, 法政大学出版局, 1984(原著 1981).

30 ジャン ボードリヤール, 『象徴交換と死』, 419-423쪽.

31 Zygmunt Bayman, *The Individualized Society,* Polity Press, 2001, pp. 238-250.

32 Bauman, "Survival as a Social Construct," p. 29.

33 Bauman, *Mortality, Immortality and Other Life Strategies,* p. 174.

34 ibid., p. 187.

35 ibid., pp.191-199; Bauman, "Survival as a Social Construct," pp. 21-26.

36 ジークムント バウマン, 『リキッド・モダニシティ』, 258쪽.

죽음과 사별의 사회학

제5장

사별과
사회적 죽음

죽음과 사별의 사회학

1. 죽음의 여러 차원

앞의 장에서 여러 사회이론의 관점에서 죽음과 사회의 관계에 대해 생각해왔다. 여기에서는 다시 죽음이란 무엇인가 하는 것에 대해 죽음의 정의라는 관점에서 생각해보자.

현대사회에서 죽음은 일반적으로 세 가지 징후, 즉 심장정지, 자발 호흡 정지, 동공 확대라고 하는 징후를 근거로 의사가 진단한다. 그러나 이러한 의학상의 죽음이나 임상적인 죽음의 정의로 죽음이 무엇인지 모두 설명되는 것은 아니다. 예를 들어, 신장이식이나 각막이식에 대해 보면, 뇌사상태에서의 장기이식이 이뤄지기 이전부터 신장이나 각막은 세 가지 징후에 의해 "죽었다"고 진단된 '시체'에서 적출되어 이식된다. 이것은 시체에 있는 신장이나 각막이 조직으로서는 '살아있기' 때문에 가능한 것이다. 원래 죽음은 몇 시 몇 분에 사망이라는 형태로 순간적으로 발생하는 것이라고 말할 수 없다. 세 징후에 따른 죽음의 진단 후에도 특정 장기나 피부, 뼈 등의 조직은 일정 기간 계속해서 '살아있고', 수염이나 머리카락, 손톱도 자라는 경우가 있다.

생명체로서의 인간의 죽음 혹은 생물학적인 죽음은 어느 순간에 생긴다기보다 오히려 과정으로서 있다. 물론 최종적으로는 인체를 구성하는 모든 조직이 사멸하고 부패하게 되는 종착점이 있다고 하더라도 거기에 이를 때까지의 과정은 시간을 두고 진행된다. 의학적 또는 임상적인 죽음의 정의가 화학적인 근거에 따른다고 해도, 결국 이 과정의 어딘가에서 죽음이라는 선을 그으면 사람들이 납득할 것인가 하는 것과 깊이 연결되어있다. 이것은 뇌사라는 새로운 임상적 죽음의 도입이라는 사태에서도 명확히 알 수 있다. 뇌사라는 정의는 세 징후보다 시간상 이른 시점에서 죽음을 확정하는 것이기 때문에, 종래의 임상적 죽음이 이뤄진 뒤에는 어려웠던 심장·폐·간장 등의 장기이식을 가능하게 하는 조치이다. 이 뇌사도 물론 과학적인 판정 기준이 정해져 있다고는 하지만. 그 내용은 국가에 따라 다르고 또 장래에 변경될 가능성도 있다. 뇌사의 판정 기준은 더 이상 지금의 상태에서 되살아날 수 없다(불가역)고 판정하는 것이지 죽음이 무엇인가 하는 것을 설명하는 것은 아니다, 따라서 이 기준을 가지고 사람의 죽음이라고 판정하면 납득할 수 있는지에 대한 논의가 끊임없이 이뤄지는 것이다.

이상으로 생물학적 죽음, 임상적 죽음 등의 죽음의 육체적 측면에 대한 정의를 살펴봤다. 그런데, 이미 임상적 죽음의 정의에서 명확한 것처럼, 죽음에는 생명체로서의 육체의 죽음에 환원할 수 없는 사회적 측면이 존재한다. 다음으로 이 사회적인 차원에 대해 살펴보자(<그림 5> 참조). 예를 들면, 의사가 사망진단서나 시체검안서를 첨부해 사망신고를 관공서에 제출하고 호적의 기재 내용을 변경하는 등 법적인 수속이 이뤄짐으로써 죽음이 확인되는 경우가 있다. 여기에서는 이러한 죽음의 차원을 '법적인 죽음'이라고 부르겠다. 또 장례식 등의 망자 의례를 통해, 근친자나 관계자 가운데 죽음이 확인되는 경우도 있다. 여기에서는 이러한 죽음의 차원을 '의례적인 죽음'이라고 부르겠다. 법적인 죽음과 의례적인 죽음, 두 가지 모두 죽음의 사회적 측면을 가리키는 것이기 때문에, 이것을 '사회적인 죽음'이라고 부르는 논자도 있다.
또 일본의 장기이식법 사례에서는
뇌사라는 새로운 임상적 죽음 혹
은 법적인 죽음의 형태가 사회적
으로도 승인될 것인가에 대한 많
은 논의가 진행되어왔다. 이러한
맥락에서는 임상적 죽음 또한 일
종의 '사회적 죽음'으로 취급되는
경우도 있다.

〈그림 5〉 죽음의 여러 차원

죽음의 육체적 측면
생물학적 죽음
임상적 죽음(의학적 죽음)
죽음의 사회적 측면
법적 죽음
의례적 죽음
사회적 죽음

그런데, 여기에서 이제 논의하고자 하는 것은 이상의 의미로서의 사회적 죽음의 개념, 즉 죽음의 사회적 측면을 가리키는 의미에서의 개념과 구별되는, 협의의 사회적 죽음 개념이다. 개념이라고 하더라도 전문적 개념만은 아니다. 한가지 예를 들어보면, 에이 로쿠스케(永六輔)의『두 번째의 대왕생』(二度目の大往生)에 '무명인'의 다음과 같은 말이 있다. "인간은 두 번 죽습니다. 죽을 때 그리고 잊혀질 때."[1] 여기에서 이야기되는 첫 번째 죽음은 임상적인 죽음 또는 법적인 죽음이 될 것이다. 그에 비해 두 번째의 죽음은 타자의 생활 속에서 사회적 존재로서 존재하는 것이 정지되는 사태를 의미한다. 이러한 의미에서 사회적인 죽음이라는 말은 매스미디어나 인터넷상에서도 적지 않게 사용되고 있다. 예를 들면, 예전에 한센병 환자나 초기 에이즈환자들이 처했던 상태로서, 주위에서 사회적 관계가 차단되고 사회적 존재로 부정되는 상태를 사회적 죽음이라고 표현하는 경우이다. 또 정년퇴직이나 실업 등 사회적 지위·역할의 상실을 사회

적인 죽음으로 표현하는 예도 적지 않다. 이렇게 사회적인 죽음이라는 인식은 학문적인 연구에서의 개념만이 아니라 일반사회에서도 적어도 감각적으로는 어느 정도 공유되고 있는 사고방식이라고 할 수 있다. 이러한 사례들에서 사회적 죽음이라는 개념은 당사자의 사회적 존재로서의 종언이라는 사태를 가리킨다. 사회학 또는 사회이론에서 사회적인 죽음이라는 개념이 사용되는 것도 기본적으로는 이러한 의미에 있다.

이번 장에서는 이상의 의미에서 사회적 죽음이라는 개념을 사회이론의 관점에서 더 자세히 검토함으로써 죽음이란 무엇인가 하는 물음에 대한 시야를 열어보고자 한다.

2. 의미학파와 사회적인 죽음

사회적 죽음의 개념이 사회학적 연구에서 처음 사용된 것은 이미 제2장에서 살펴봤던, 1960년대 미국에서의 의미학파 연구, 특히 민속방법론을 기초로 한 병원에서의 실지조사에 근거한 연구에서였다. 이미 언급하였듯이, 60년대 미국에서는 각종 인권운동이 고조되는 가운데, 의료계에서도 환자의 인권이나 자기결정을 보다 존중해야 한다는 풍조가 강해지고 있었다. 이러한 가운데, 병원에서의 죽음을 둘러싼 문제에 대해서도 외부자의 시점이 아니라 병원 내부에서, 그것도 그 현장에 실제로 관여하는 환자나 의료종사자 등의 당사자들 각 시점에서의 접근법이 필요하게 되었다. 사회적 죽음의 개념이 사용되기 시작된 것은 이러한 맥락에 따른 것이다. 그리고 이 개념에 대해 특히 상세히 논의한 학자는 민속방법론자인 데이비드 서드나우(David Sudnow)였다.

서드나우는 일단 죽음의 정의로서 다음 세 가지를 구별하고 있다. 즉, 신체 진찰의 결과, 죽음의 징후가 나타나고 있다는 뜻으로서의 '임상적 죽음', 세포 활동의 정지라는 뜻의 '생물학적 죽음', 그리고 병원이라는 환경 속에서 환자가 '생물학적' 그리고 '임상적'으로는 아직 살아있음에도 불구하고 시신으로 취급받는 시점에서 나타나는 '사회적 죽음'[2]이다. 서드나우는 1960년대 전반에 미국 도시부의 어느 대규모 자선병원에서 9개월에 걸쳐 실지조사를 했다. 병원의 특성상, 환자는 하층계급의 사람들이 중심이었다. 그 가운데 서드나우는 몇 가지 사회적 죽음의 사례를 찾아냈다.[3]

예를 들면, ① 죽음을 눈앞에 둔 환자의 눈을 확실히 감도록 하려는 간호사로서. 이유는 사후경직이 일어난 후에는 이러한 처치가 어려워지기 때문이다. 조금 길지만 서드나우의 묘사 내용을 인용해 보자.

그녀의 설명에 따르면, 어느 간호사가 '죽어가고 있는' 여성 곁에 있었는데, 그녀는 2, 3분 간격으로 그 환자의 눈을 감기려고 애를 쓰고 있었다. 간호사는 천천히 그렇지만 약간은 강제적으로 환자의 두 눈꺼풀이 뜨지 않고 잘 감기도록 맞추려고 했다. 여러 번 실패한 끝에 겨우 눈을 감겼다. "휴—" 하고 한숨을 쉬며 그녀는 말했다. "자, 이제 됐다." 무엇을 하고 있었냐고 묻자, "죽은 후에도 잠자는 것처럼 보이도록 환자의 눈을 꼭 감게 합니다."라고 답했다.

사후에 특히 몸이 경직된 뒤에 눈을 완전히 감도록 하는 것은 상당히 어렵다. 눈꺼풀에 유연성이 없어지고 저항이 있게 되어 떠지게 된다. 그래서 그녀는 늘 죽기 전에 눈이 감길 수 있도록 신경을 쓰고 있다고 답했다. 눈꺼풀에 신축성이 있는 동안은 조작하기 쉽다. 또 그것을 위해 병동의 직원들이 사망자의 모습을 꾸미는 일도 번거롭지 않게 끝낼 수 있고, (만약 실제로 죽음이 발생한다면) 사후에 그 시신을 빨리 감쌀 수도 있다. 그녀의 지적에 따르면, 이것은 시신을 가능한 한 만지려고 하지 않는 사람들에게 감사한 일이라고 한다.[4]

이외에도 서드나우는 다음과 같은 사례를 들고 있다. ② 환자의 죽음에 앞서서 시체해부허가서를 작성하고, 근친자에게 사인을 재촉하는 의사. ③ 시신을 감싸는 작업의 일부를 생전에 미리 마쳐버리는 직원.

서드나우은 다음과 같이 말한다.

'사회적 죽음'이란 그 환자가 가진 사회적 속성이 치료의 조건으로서 활동하는 것을 영구적으로 정지하고, 환자가 본질적으로 이미 죽었다고 간주되는 시점에 따라 제시된다. 사회적 죽음은 하나의 짝이 되는 실천적 행위로부터 형성된다. 그리고 사회적 죽음이야말로 병원이라는 맥락에서 '죽어가고 있는' 것의 진정한 의미를

정의한다고 볼 수 있다.[5]

앞의 제2장에서 자세히 언급한 상징적 상호작용론(Symbolic Interactionism)자인 글레이저(B. Glaser)와 스트라우스(A. Strauss)는 병원에서 보이는 사례로서, 절망적인 혼수상태에 있는 환자의 경우를 거론하고 있다. 이러한 환자의 경우, 의료진에게는 환자가 이미 그곳에 존재하지 않는 것처럼 취급되기도 한다. 예를 들어, 의식이 있다면 문제가 될 수 있는 것을 그들은 환자들 앞에서 예사롭지 않게 말하기도 한다. "생물학적으로는 그의 육체가 아직 살아 있지만, 사회적으로는 이미 죽은 것이다."[6]

이상의 사례에서 공통적으로 보이는 것은 병원이라는 환경에서 어느 특정 의료진이 생물학적 혹은 임상적으로 아직 살아있는 어느 환자를 실제 죽음에 앞서서 이미 죽은 것으로 간주하거나 죽은 것으로 취급해버리는 사태이다. 이 경우에 그 의료직원에게 그 환자는 이미 사회적으로 죽은 것이 되어버리는 것이다.[7]

3. 비판과 확장

의미학파가 문제를 제기한 뒤에 사회적 죽음의 개념은 1990년대 이후, 새로운 시각에서 문제가 된다. 그 단서가 된 것은 과학사회학자이면서 포스트모더니즘 혹은 구성주의(Constructivism)적인 인식론을 기반으로 하는 과학의 언설분석 등으로 유명한 마이클 멀케이

(Michael Mulkay)의 논의이다.[8]

멀케이는 사회적 죽음을 "우리의 사회적 존재의 종언"[9]이라고 간단히 정의하고, 앞에서 살펴본 1960년대 서드나우의 논의를 다음의 세 가지 점에서 비판한다.

첫째, 의료진의 관점에 논의가 한정되기 쉽다는 점이다. 의약기술의 진보 등에 따라 죽음에 이르는 일도 장기화된다. 그 과정에는 의료진만이 아니라 가족이나 친족, 친구, 지인, 동료 등 많은 사람이 관여할 것이다. 그리고 관여자들은 각각의 시점에서 그 죽음을 받아들이게 되고, 그것에 맞춰서 사회적 죽음 과정의 양상도 변화한다. 어떤 사람에게는 사회적으로 죽은 것이지만 다른 사람에게는 사회적으로 살아있는 일도 일어날 수 있다.

둘째, 병원이라는 현장으로 논의가 한정되어 있다는 점이다. 사회적 죽음은 병원 내에서만 아니라 사회과정 전체에서 생길 수 있는 것이다. 멀케이에 따르면, 병원 내의 말기 환자만이 아니라 시설에 입소하는 고령자들에게도 사회적 죽음으로 불릴 수 있는 사태가 일어날지 모른다. 또, 정년퇴직도 사회적 죽음 과정의 시작점으로 간주될 수 있다.

셋째, 사회적 죽음이 생물학적·임상적 죽음에 선행한다는 사례에 논의가 한정되기 쉽다는 점이다. 오랜 세월을 함께한 배우자를 잃은 남편이나 아내, 혹은 아이를 잃은 부모에게 배우자나 아이는 생물학적·임상적으로는 죽었더라도 사회적으로는 살아있다고 볼 수 있다. 임상적 죽음의 정의를 특권적인 것으로 생각해 버린다면, 이러한 상태는 병리적인 것으로밖에 이해할 수 없을 것이다. 그러나 죽음을 둘러싼 여러 가지 수용방식의 존재를 허용한다면, 이러한 상태에서 사회적 죽음은 생물학적·임상적 죽음에 후속하는 것으로 된다.

이상과 같이 서드나우 등의 논의를 비판한 뒤에, 멀케이는 사회적 죽음의 기본적인 특징을 "어떤 개인이 타자의 생활 속에서 생생한 활동자인 것을 정지하는 것"이라고 말했다.[10] 어떤 개인이 사회적으로 살아있다는 것은 그 개인의 존재가 살아있는 타자의 경험이나 활동 속에서 사회적 존재로서 계속 존재한다는 것이다. 사회적 죽음이란 이러한 존재의 종언을 의미하는 것이 된다.

그렇다면, 멀케이의 논의처럼 사회적 죽음의 개념을 확장해 간다면, 생물학적 죽음이나 임상적 죽음이 당장은 직결되어 있지 않더라도 여전히 어떤 개인이 놓여 있는 상태를 사회적 죽음이라고 표현할 수 있는 가능성이 나온다. 실제로 1960년대 서드나우나 글레이저 등이 사회적 죽음의 개념을 고안하는 데 영향을 받은 것은 어빙 고프먼(Erving Goffman)의 '비인격'(non-person) 개념이었다.[11] 이것은 하인에게서 고전적인 예가 보이듯이, 동석하고 있어도 부재한 것처럼 취급되는 사람들을 가리킨다. 같은 관점에서 노예의 존재 형태를 사회적 죽음으로 표현한 것이 올란도 패터슨(Orlando Patterson)이다.[12] 패터슨에 따르면, 노예는 공동체에서 존재하지 않는 것으로 간주된 존재자라는 역설적 위치에 있다. 물론 이 경우, 노예가 생물학적인 의미로 죽을 지경에 있다거나 이미 죽었다고 하는 것이 아니란 점은 말할 필요도 없다.

이상과 같이 생물학적 죽음과 별도로 떼어놓고 사회적 죽음이라

는 개념을 사용하는 용법에 다양한 가능성이 포함되어 있다는 것은
의심할 여지가 없다. 그러나 이 경우, 사회적 죽음이라는 개념을 기
본적으로는 비유적인 표현으로 사용하게 되어, 죽음이라는 말도 다
른 말과 대체가능한 것으로 된다. 이미 서드나우는 사회관계에서 극
단적으로 멀어져 버린 경우까지 모두 사회적 죽음의 사례에 포함시
킨다면 분석적으로 애매하게 된다고 말하고 있다.[13] 또 멀케이도 사
회적 죽음 개념의 확장을 시도했지만, 사회적 죽음 개념을 관여자에
의한 생물학적·임상적 죽음의 인지와 단단히 연계시켜서 생각한다
고 기술하고 있다.[14] 이하의 내용에서도 사회적 죽음을 멀케이 등의
논의에 따른 형태로, 원칙적으로 과거나 장래의 생물학적 죽음 내
지는 임상적 죽음의 발생과 연동해서 일어나는 것이라고 생각하고
싶다.[15]

사회적 죽음의 의미는 어떤 개인이 그 생물학적 죽음에 전후하여
타자의 생활 속에서 사회적 존재로서 존재하는 것을 정지한다는 것
이다. 다시 말하자면, 어떤 개인이 그 생물학적 죽음을 전후해서 타
자로서 나의 사회생활에 여러 가지 형태로 작용하는 존재라는 것을
정지했다고 한다면, 그 개인은 나에게 있어서 사회적으로 죽은 것이
된다.

4. 이중장례

이상에서 살펴본 사회적 죽음의 개념 확장으로부터 도출된 논점

은 "전근대적인 전통적 사회에서 사회적 죽음은 생물학적 죽음에 후속하는 경향이 있었지만, 근대사회에서는 사회적 죽음이 생물학적 죽음에 선행하는 경향이 있다."고 하는 것이 특징이다. 이 논점에 대해서는 멀케이뿐만 아니라 많은 논자가 언급하고 있다.[16] 여기에서는 편의상 '선행·후속설'이라고 부르고자 한다.

이 설에 따르면, 전근대적인 사회에서는 전반적으로 평균수명도 짧고 아이의 사망률도 높으며 또 감염병이나 폭력으로 인한 돌연사도 적지 않았다. 예측하기 어려운 이러한 죽음에 직면해서 남겨진 자에게는 고인이 죽어도 아직 사회적으로 살아있기를 바라는 경향이 강했다. 또 많은 문화에 존재한 선조 제사의 의례에서 보이듯이, 죽은 자는 생물학적으로는 죽었어도 살아있는 자에게 상복이나 의례가 요구되는 등 살아있는 자와 교류하고 그들의 사회적 생활에 지속적으로 큰 영향을 주는 존재였다. 그런데 근대사회에서는 기본적으로 죽음이 기피되고 금기시되어, 그 결과로 제3장에서 살펴봤듯이 엘리아스가 말한 것처럼 죽어가는 자가 아직 살아있음에도 불구하고, 그는 타자와의 관계로부터 떨어져 관계에서의 존재의의를 상실해버리는 경우가 있다. 서드나우 등의 실지조사에서도 전형적으로 보이듯이, 사회적 죽음은 생물학적 죽음에 선행하는 것이 된다.

선행·후속설이 매우 개략적이기는 하지만, 사회적 죽음이라는 관점에서 전근대사회, 근대사회에서의 죽음 양상을 전반적으로 특징짓는, 더구나 매우 간결하게 특징을 부여할 수 있다는 점에서 흥미롭다. 여기에서는 우선, 전근대적인 전통적 사회에서 "사회적 죽음은 생물학적 죽음에 후속하는 경향이 있다."고 하는 현상에 대해 하나의 고전적인 사례를 통해 검토해보자. 검토를 거쳐 나중에 선행·후속설을 이 책의 관점에서 다시 읽게 될 것이다.

제1장에서 살펴본 뒤르켐의 문하생 가운데 로베르 에르츠(Robert Hertz)가 있다. 에르츠는 제1차 세계대전 중에 33세의 젊은 나이로 전사했지만, 그가 남긴 업적 특히 "A Contribution to the Study of the Collective Representation of Death"(죽음의 집합표상 연구에 대한 기여, 1907)는 전근대적 사회의 죽음 양상을 날카롭게 파악한 것으로서 오늘날에도 널리 언급되는 고전적인 논문이다.[17] 에르츠는 이 논문에서 보르네오(칼리만탄)섬의 다야크(Dayak)족을 중심으로 미개사회의 장송의례, 소위 이중장례에 대해 언급하고 있다. 이중장례는 기본적으로 제1의 장의, '중간 기간', 제2의 장의라는 흐름으로 진행된다.

에르츠에 따르면, 이중장례에서는 우선 부족민이 죽으면 시신을 관에 밀폐하고 인근의 임시 묘소에 안치시킨다. 이것이 말하자면 제1의 장의이다. 그리고 제2의 장의가 이뤄지기까지 평균적으로 2년 정도의 '중간 기간'을 두게 된다. 이 기간에 시신은 부패되고 백골만 남게 된다. 관에서 나오는 부패액을 쌀과 섞어 유족이 먹기도 한다. 한편, 사자의 영혼은 이 기간 동안 근처를 배회하며, 특히 초기에는 산 자를 끌어가려고 하거나 그들로부터 빼앗고 복수를 하거나 상복을 위반한 자들이 병에 걸리도록 하는 등 위협을 가하는 존재가 된다. 시신이 서서히 백골로 되면서 그와 함께 이러한 위험성도 점점 감소해간다. 또 유족은 근친의 정도에 따르지만, 기본적으로 상복을 입는 일정 기간 동안 주위 사람들의 생활로부터 격리된다. 유족은 일정 기간, 집안에 앉아 아무것도 하지 않으면서 지내고 타인의 방문이나 물음에 대응해서도 안 된다. "그는 어둠 속에 살고 있고, 사회적으로는 죽은 자와 같다."[18] 또, 남겨진 아내는 재혼하면 안 된다. "죽음이 완료될 때까지 죽은 자는 여전히 살아있는 것처럼 대우받는다. 그에게 식사를 올리고 가까운 친척이나 친구는 그를 상대하고 말을 걸기도 한다. 죽은 자는 자신의 아내에 대해 여전히 모든 권리를 갖고 있다."[19] 이 시점에서 사람들은 아직 죽은 자를 사자로서 생각하지 않는다. 상장례의 과정은 말하자면 "산 자가 그들의 친족을 '정말로 죽게' 하기 위한" 것이다.[20]

그리고 위와 같은 '중간 기간'을 거쳐, 제2의 장의가 이뤄진다. 장의는 몇 년마다 진행되고 수일에서 때로는 한 달에 걸쳐서 몇 명의 사자에 대해 공동으로 이뤄지기도 한다. 장의에서는 우선 관에서 유골을 꺼내 깨끗이 씻는 '세골'을 한다. 그 후 노래나 춤, 연회 등의 의례를 거쳐 유골은 가족·선조의 묘소에 안치된다. 의례 중에 무녀는 의식을 통해 사자의 영혼을 타계로 보낸다. 또 유족은 상복을 최종적으로 해제하기 위한 의례로서 마지막으로 공물을 올리거나 목욕 등을 한다. 이렇게 장례는 종료되고 그동안 위협을 주는 존재로서 공동체에서 배제되어 있던 사자는 이제 공동체를 지키는 수호신으로 바뀌게 된다. 또 같은 공동체에서 배제되어 있던 유족도 에르츠의 표현을 빌리면, '새로운 몸'을 얻어 공동체의 일상생활에 복귀하게 되는 것이다.

이상과 같은 이중장례라는 장송의 형태에서 주목할 것은 거기에서 죽음은 시간축상 한순간에 발생하는 것이 아니라는 점이다. 오히려 죽음은 사자가 공동체에서 타계로 서서히 이탈해가는, 장기간에 걸쳐 이뤄지는 사회적 과정인 것이다.[21] 제1의 장의가 이뤄지는 시점에서 사자는 생물학적으로 죽었다고 볼 수 있지만, 그 후의 '중간 기간'에 사회적으로는 여전히 살아있고, 산 자의 생활방식에 계속 영향을 주고 있다. 또 주목해야 할 점은 시신의 부패와 백골화라는 생물학적 죽음의 과정 혹은 그것에 후속하는 시신의 변화와 사자의 영혼이 그 위험성을 줄이며 부정을 정화시켜 간다고 하는 사자의 사회적인 위치 매김의 변화가 연동하는 것으로서 파악된다는 것이다.

참고로 이러한 이중장례가 보르네오섬의 다야크족에게서만 보이는 특이한 의례는 아니다. 세골의례, 즉 시신을 매장 혹은 안치한 후 몇 년이 지난 뒤, 시신을 다시 꺼내어 씻고 안치하는 의례 자체는 동남아시아의 여러 섬이나 중국 남부, 타이완, 한반도 남부, 오키나와의 여러 섬들, 그리고 남북 아메리카 원주민 등 환태평양지역에서 보였던 의례이다.[22] 또, 로링 M. 댄포스(Loring M. Danforth)가 1979년 그리스 북부의 작은 마을인 포타미아에서 실시한 실지조사에 따르면, 그곳에서도 사자의 시신은 일단 매장된 후, 상례를 마치고 5년이 지나면 다시 파내어 세골의례를 진행하고 있었다(<그림 6> 참조). 파낸 유골의 색이 하얗고 깨끗하면 사자의 영은 타계로 떠난 것으로 판단되고 유골은 선조가 묻힌 공동의 납골당에 안치된다.[23]

〈그림 6〉 그리스 포타미아 지역의 이중장례. 매장한 뒤 5년 뒤에 뼈를 추려내고 있다.
촬영 Alexander Tsiaras.

(출처: Loring M. Danforth, *The Death Rituals of Rural Greece,* Prindeton
University Press, 1982)

이렇게 보면, 다야크족에서 보이는 장송의례는 인간이 역사 속에
서 형성해왔던 사자를 보내는 하나의 전통적인 형태를 가리키는 사
례라고 볼 수 있을 것이다.

5. 2인칭, 3인칭의 사회적 죽음

앞에서 멀케이 등의 논의, 즉 사회적 죽음은 전근대적 사회에서

생물학적 죽음에 후속하는 경향에 있었지만, 근대사회에서는 생물학적 죽음에 선행하는 경향이 있다고 하는, '선행·후속설'에 대해 말했다. 매우 일반적인 특징으로서 이러한 경향의 존재를 지적하는 것은 가능할 것이다. 그러나 이미 멀케이가 제시하는 여러 사례에도 이러한 일반적인 경향에 해당되지 않는 것이 있다. 예를 들면, 근대사회의 사례로서 배우자를 잃은 남편이나 아내 혹은 아이를 잃은 부모에게 배우자나 아이의 사회적 죽음은 생물학적·임상적 죽음에 후속한다는 지적이 있다. 따라서 근대사회에서도 사회적 죽음이 생물학적 죽음에 후속하는 사례가 없는 것은 아니다. 이제 선행·후속설을 비판적으로 검토하면서 근대사회의 변동과 사회적 죽음 양상의 관련에 대해 생각해보자.

먼저 확인해둘 점은 사회적 죽음이 어느 한 시점에서 발생하는 것이라기보다 오히려 과정에 있다는 것이다. 전근대적인 사회에서는 이중장이나 선조제사의 사례를 보더라도, 수년 또는 경우에 따라서는 수십 년이라는 시간에 걸쳐, 죽은 자는 생물학적인 죽음을 맞이한 후에 사자의례의 여러 단계를 거쳐 서서히 산 자의 공동체에서 이탈해갔다. 그동안 사자는 생물학적으로는 죽은 상태라도 영혼으로서 존재하고 있고, 근처나 산하에 있으면서 산 자에게 사회적으로 작용하는 존재, 즉 사회적으로는 살아있는 존재로 생각되고 있었다. 따라서 전근대적 사회에서 사회적 죽음은 생물학적 죽음에 후속한다고 말할 수 있더라도 그것은 생물학적 죽음의 발생 후, 어느 한 시점에서 사회적 죽음이 발생했다기보다 오히려 생물학적 죽음 후에 사회적 죽음에 이르는 비교적 장기간에 걸친 과정이 존재한다는 것을 의미한다. 이 과정을 그것이 발생하는 공간이라는 관점에서 보면, 사람의 죽음은 공동체나 그 주변 환경을 포함하는 의미질서(코스모스)에서 생겨나는 것이었다. 사자의 영혼은 이 의미질서의 내부를 오가는 존재였다. 그리고 이중장의의 경우가 그랬던 거처럼, 생물학적 죽음 또한 이 의미질서에 편입된 것이고 거기에 의미가 부여되어 있다고 말할 수 있다. 그리고 이러한 사회적 죽음에 이르는 과정은 공동체에서 정도의 차이는 있더라도 일원화된 것이었다.

반면, 근대화의 진행과 함께 친족, 지역, 종교 등을 기축으로 하는 공동체는 약화되고, 공동체에서 일원화되었던 사회적 죽음에 이르는 과정도 서서히 단편화되었다. 공동체에서 공유되었던 '죽음의 이야기'는 희박하게 되고 사회적 죽음에 이르는 과정도 개개인에 따라 다른 형태로 해석되는, 즉 개인화·다원화로 되었다. 죽음이나 사별의 체험을 수용하는 이야기를 고안해 내는 것은 개인이 사적으로 맡아야 하는 과제가 되었다. 이러한 과정과 연동하면서 반대로 일어나는 것이 일원화된 임상적·법적 죽음의 도입이다. 보드리야르가 말한 것처럼, 근대사회에서 죽음은 '탈사회화'되고 '개인적 운명'으로 된다. 그리고 죽음은 "시간의 정확한 시점과 정확한 장소-신체-에 국소화"되어야 하는 것으로 되었다.[24] 여기에서 죽음은 시간적으로 장기적인 과정으로서가 아니라 한 시점에서 일어나는 것으로 된다. 또 공간적으로는 공동체의 의미질서 속이 아니라 한 개인의 신체 내에서 일어나는 것으로 된다.[25]

이상의 검토 내용을 토대로, 선행·후속설을 다음과 같이 다시 읽을 수 있을 것이다. 우선 전근대사회에서 사회적 죽음은 생물학적 죽음에 후속한다기보다 오히려 생물학적 죽음을 포함한 장기적인 과정으로서 있었다는 것이다. 선행·후속설이라는 표현이 명확하게 되는 것은 오히려 일원적인 임상적·법적 죽음의 정의가 도입된 것에 따른 것이다. 그리고 근대사회에서 사회적 죽음은 생물학적 죽음에 선행한다기보다는 오히려 다원화·개인화되고 있다. 사회적 죽음은 보는 자의 시점에 따라 임상적·법적 죽음에 선행하는 경우도 있고 후속하기도 한다.

그렇더라도 멀케이 등이 생물학적 죽음에 선행하는 사회적 죽음으로 표현할 만한 경향이 근대사회에서 보이는 것도 사실이다. 제4장에서 본 것처럼, 근대사회는 죽음을 터부시하는 사회, 죽음을 은폐·격리·배제하는 사회라고 한다. 그리고 기피된 죽음은 '전문가'가 관리하고 처리하는 것으로 대신하게 된다. 사회 시스템의 기능장애를 최소한으로 억제하기 위해 죽음을 가능한 한 합리적이고 신속하게 처리하고, 관여자를 '정상'적인 상태로 신속히 복귀시키는 것이 그 기본자세로 되는 것이다.[26]

이런 경향에 대해, 사회적 죽음이라는 관점에서 보면 어떨까? 죽음의 터부시와 전문직이 담당하는 죽음의 처리가 함께 이뤄지면서, 적어도 3인칭, 즉 일반적인 타자나 그다지 친하지 않은 타자의 죽음에 대한 사회적 죽음에 이르는 과정은 비교적 빠르게 진행될 것이다. 죽음을 터부시하는 사회는 다시 말하자면, "사자를 빨리 잊으려고 하는 사회"이다. 따라서 근대사회에서 사회적 죽음이 생물학적 죽음에 선행하는 경향에 있다기보다 오히려 3인칭적 차원에서 사회적 죽음에 이르는 과정이 근대사회에서 비교적 빠르게 진행된다고 기술하는 편이 좋을 것이다. 날마다 계속되는 타자의 죽음을 처리해야 하는 전문직에게도 타자의 죽음은 많은 경우 3인칭적 차원으로 다뤄지게 될 것이다. 이것이 때로는 서드나우 등이 보고하듯이, 생물학적 죽음보다 선행하는 사회적 죽음을 생산하게 되는 것이다.

그런데 2인칭의 친한 타자의 죽음에 대해서는 어떨까?[27] 타자의 죽음을 기피하거나 처리하는 것이 아니라, 수용해가려고 해도 그 방법은 개인화·다원화되고 있다. 죽음의 수용이 기본적으로 개인이 사적으로 해야만 하는 작업이 되고 있다. 주위 사람들도 무엇을 해야 하는지, 어떻게 말을 해야 좋은지 근본적으로 모르기 때문에, "그대로 놔둔다"는 형태로 결국은 거리를 두기 쉽다. 이러한 상황에 대해, 2인칭적 차원에서의 사회적 죽음에 이르는 과정은 사적인 행위로서 오래 계속될 가능성이 있다.

이렇게 비교적 빠르게 진행되어버리는 3인칭의 사회적 죽음과 또 한편으로는 다원화·개인화하고 있어 오래 계속될 가능성이 있는 2인칭의 사회적 죽음의 과정 사이에는 말하자면, 시간적인 낙차가 존재하고 있다. 근대사회에서는 어느 한 명의 개인에 관해서 3인칭 차원으로 진행하는 사회적인 죽음과 2인칭 차원으로 계속하는 사회적인 삶 사이에 괴리가 존재하는 것이다. 이러한 시간적인 낙차, 괴리가 근대사회의 죽음을 둘러싼 많은 문제의 배경에 존재하는 것으로 보인다.[28]

6. 사별과 '계속하는 유대'

　이상으로 사회적 죽음의 개념에 대해 논의했다. 모두에서 거론했던 물음, 즉 죽음이란 무엇인가 하는 질문으로 되돌아 가보자. 물론 종교적 신앙을 전제로 한다면, 거기에 있는 일종의 해답을 찾아낼 수 있을 것이다. 그러나 '성스러운 천개'가 해체되어버린 지금, 그 해답은 보편적인 타당성을 지니는 것이 될 수 없다. 또 어떤 답을 다른 곳에서 찾는다고 하더라도 그 내용은 죽음이 지닌 여러 차원에 따라 다양한 것으로 될 것이다. 그렇다면, 사회적 죽음의 차원에서 볼 때는 어떨까? 거기에서 죽음은 '사별'이라는 일이다. 자명하게 들리겠지만, 여기에서 죽음은 개체로서의 개인의 육체 내에서 완결된 것이 아니라 타자와의 관계 속에서 일어나는 그 추이에 따르는 현상이다. 여기에서는 마지막으로 사별의 체험에 대해 이러한 관점에서 특히 그 이론적인 인식방법을 중심으로 생각하도록 하자.

　사별의 비탄에 관한 이론적인 인식방법으로는 정신분석의 창시자 지그문트 프로이트(Sigmund Freud)의 것이 고전적이다. 논문 「애도와 멜랑콜리」(Trauer und Melancholie)에서 프로이트는 다음과 같이 말하고 있다.[29]

　현실을 검토하면서, 사랑하는 대상이 이제는 존재하지 않는다는 것을 알고, 모든 리비도를 그 대상과의 연결에서 철수하는 것은 어쩔 수 없겠지만, 이것에 대해 당연히 반항이 생겨난다. (중략) 정상이라는 것은 현실 존중이라는 승리를 지켜내야 하는 것이지만,

그 사명이 곧바로 이뤄지지는 않는다. 그것은 시간과 충당에너지를 많이 소비하면서 하나하나 수행해가는 것이며, 그 사이에 상실된 대상은 마음속에 계속해서 존재한다.

여기에서 정상적인 비애라는 것은 사랑하는 대상으로 향하는 개인의 에너지를, 현실을 직시함으로써 서서히 거기에서 떼어내는 것을 말한다.

리비도가 상실된 대상과 연결되어 있다는 것을 보여주는 추상이나 기대 하나하나에 대해, 현실은 판결을 내리면서 대상은 이제 존재하지 않는다고 알린다. 그리고 자아는 운명을 함께할 것인가 하는 문제에 직면하고서, 생존한다고 하는 자기애적 만족을 바라는 힘에 움직이게 되면서, 상실된 대상에 구속된 것을 풀려고 한다.

그리고 이러한 비애의 작업이 완료되면, 사람은 구속되어 있던 대상, 즉 고인으로부터 자유롭게 되어 자신의 에너지를 다른 대상에게로 돌릴 수 있게 된다.

프로이트의 이러한 사고방식은 그 후의 비탄에 관한 이론 또는 카운슬링의 실천에 큰 영향을 주었다. 도식적으로 약간 과장해서 말하자면, 거기에는 '애도 작업'(grief work)이 이뤄져 슬픔을 극복하고 정상적인 상태로 회귀하는 것, 경우에 따라서는 고인에게서 독립한 새로운 아이덴티티를 확립하여 새로운 생활로 나아가는 것이 기본적으로 요구된다. 이러한 생각에서 보자면, 사자에 고집하는 것이 때로는 병리적인 것으로 간주될 수 있다. 앞에서 살펴본 사회적 죽음을 둘러싼 논의와 관련지어 보자면, 이러한 인식은 사자의 '3인칭 차원에서 진행되는 사회적인 죽음'에 대해 2인칭 차원에서도 적응해 가는 것을 촉진하는 것이라고 할 수 있겠다.

1980년대 후반부터 90년대에 걸쳐, 사별의 비탄을 둘러싼 사고방식에 일종의 '패러다임 전환'이 일어났다는 인식이 있다.[30] 예를 들면, 미국에서 사별의 비탄 카운슬링에 관한 지침서로 권위가 있는 제임스 W. 워든(James W. Worden)의 『유족의 사별슬픔 상담과 치료』 (Grief Counseling and Grief Therapy)라는 책이 있다. 참고로 이 책은 1983년에 출판되어 영어권에서 가장 널리 사용되는 교재 가운데 하나로 꼽힌다. 워든은 책에서 사별자가 노력하고 달성하려는 비애의 과제(task)를 거론하고 있는데, 이것은 다음과 같이 4가지로 구성되어 있다. 즉, 과제 I '상실의 사실을 수용한다', 과제 II '비탄의 고통을 넘어간다', 과제 III '사자가 없는 환경에 적응한다', 과제 IV '정서적 에너지를 사자로부터 거둬들여서 다른 관계에 투입한다'. 이러한 과제설정이 앞에서 본 프로이트의 생각을 반영한 것이라는 것은 분명하다.

그런데 워든은 과제 IV의 내용이 마치 콘센트를 바꿔서 꽂는 것과 같다는 오해를 불러일으킨다는 점에서, 제2판(1991)에서는 "사자를 정서적으로 재배치하고 생활을 이어간다"는 것으로 바꿨다.[31] 여기에서는 사자와의 관계에서 이탈하는 것이 아니라 오히려 사자와의 관계를 재구축한다는 생각을 볼 수 있다. 그렇더라도 워든 자신은 제

2판에서도 "과제Ⅳ는 전진하며 새로운 애정을 배양하지 않고 과거의 애착에 고집하면서 방해가 된다"[32]고 말하고 있고, 기본적인 생각은 앞에서 본 프로이트의 생각과 가깝다고 말할 수 있을 것이다. 워든이 이렇게 변경한 이후, 죽은 자를 저승이라고 하는 곳에 보낸다고 표현하기보다는 오히려 죽은 자와 남겨진 자 사이에 유지되는 '계속하는 유대'를 중시하고, 사자를 위한 적절한 장소를 산 자의 생활 속에서 찾아내는 것이 중요하지 않을까 하는 점이 지적되었다.[33] 사별의 사례들을 보면, 남겨진 자에게 병리 또는 환각이라고 쉽게 딱지를 붙일 수 없는 형태로, 사자의 존재를 감지하거나 사자와 대화하거나 사자에게 상담까지 하는 경우를 볼 수 있다. 이것이 꼭 종교적인 신앙에 따른 것이라고 볼 수만은 없다. 또, 남겨진 자가 사자를 자신의 행동이나 생각의 모델로 하거나("아버지였으면 어떻게 했을까?"), 자신의 태도를 되돌아보기 위한 근거로 삼거나("그를 생각하면, 열심히 해야 한다고 생각해"), 또는 자신을 격려하며 지켜보고 있는 존재로 생각하는 경우도 있다("엄마 힘내, 엄마라면 할 수 있어!"). 단적으로, 사자가 자신 안에 살아있다고 하는 표현도 드물지 않다. 이와 같이, '계속하는 유대'는 극복되어야만 하는 것이 아니라 오히려 경우에 따라서는 남겨진 자가 죽을 때까지 이어지기도 한다. 이것 또한 사별의 한 형태가 아닐까 하는 점도 기본적으로 이러한 지적에 자리잡고 있다.

이상과 같은 인식을 앞에서 살펴본 사회적 죽음을 둘러싼 논의와 연관시켜보면, 그것은 '2인칭 차원에서 계속하는 사회적 생'에 3인칭 차원에서도 다가서는 것을 촉진하는 것이라고 볼 수 있다. 사자로

남겨진 자의 '계속하는 유대'는 종교적인 신앙에 따라. 바꿔 말하자면 신앙의 공동성에 따라 유지되는 경우도 있을 것이다. 그리고 그러한 공동성이 없다면, 남겨진 자에게는 사자가 지금 어디에 있고 무엇을 생각하고 무엇을 하고 있는지 기본적으로 전혀 모를 것이다. 그렇다고 해도, 죽은 자와 남겨진 자는 관계성을 유지할 수 있다. 그것은 죽음이라는 일이 일어나기 이전에 존재하고 있던 관계성을 죽음이 일어난 이후에도 계속 이어간다는 것이다. 남겨진 사별자를 둘러싼 주위 사람들도 일반론적인 도식을 강요하는 것이 아니라 이 유일무이한 관계성에 다가서고 있다는 것이 기본적인 태도로 될 것이다.

여기에서 언급하는 것처럼, 사별을 둘러싼 사고방식의 변화는 '패러다임 전환'이라고 불릴 정도로 과장된 것이 아니라 오히려 중심의 변화, 혹은 미묘한 뉘앙스의 변화라고 부르는 것이 좋을 수도 있겠다. 또 '계속하는 유대'를 중시하는 사고방식은 분명 병적인 상태에 머물러 있는 자를 방치하는 것이 좋겠다는 것이 아니며, 또 '계속하는 유대'를 유지하는 편이 좋고 누구나 그래야 한다고 명하는 것도 아닐 것이다. 어느 쪽이든 여기에서는 도식적인 형태이기는 하지만 사별의 비탄을 경험하고 있는 자에게 주위의 타자가 전문가로서든 친구나 동료로서든 어떻게 가까이 다가갈 수 있을까 하는 것에 대해 기반이 되는 두 가지 생각이 제시되고 있다고 볼 수 있다. 이러한 사고방식이 나타나기 시작한 배경에 있는 것은 근대사회에서 3인칭 차원에서 진행되는 사회적 죽음과 2인칭 차원에서 계속되는 사회적인 생 사이에 존재하는 괴리이다. 그리고 어느 쪽이든 이 괴리를 어떤 형태로 채워야 하는지가 여기에서는 문제가 될 것이다.

[주]————————————————

1 永六輔,『(岩波新書)二度目の大往生』, 岩波書店, 1995, 62쪽.

2 デヴィッド サドナウ,『病院でつくられる死』, 127쪽.

3 같은 책, 125-151쪽.

4 같은 책, 128-129쪽.

5 같은 책, 129쪽.

6 B. G. グレイザー·A. L. ストラウス,『「死のアウェアネス理論」と看護』, 112쪽.

7 그런데, 서드나우는 의료직원만이 아니라 가족 쪽에서 본 사회적 죽음의 사례(남편의 죽음에 앞서 장례업자에게 상담하고, 다른 남자와의 생활을 시작한 아내의 사례)도 드물지만 거론하고 있다(デヴィッド サドナウ,『病院でつくられる死』, 131-132쪽). 또, 서드나우는 사회적 죽음이 임상적 죽음에 선행하는 것이 아니라 후속하는 사례(시신을 싸는 책무를 교대하는 다음 직원에게 전달하기 위해 죽은 환자를 아직 살아있는 것처럼 위장하는 종사자. 또, 수술 중인 환자의 죽음을 가족에게 바로 전하지 않고 단계적으로 전하는 사례)도 약간 언급하고 있다(앞의 책 『病院でつくられる死』, 139-140, 147-148, 160-161쪽). 이러한 예의 경우, 사회적 죽음과 임상적 죽음의 차이는 뒤의 본문 내용에서 언급하는 것과 같은 사례와 달리 매우 적고, 진상이 공개되면 동시에 바로 해소되는 성질의 것이다.

8 Michael Mullkay, "Social Death in Britain," in D. Clark(ed.), *The Sociology of Death,* Blackwell, 1993, pp. 31-49; Michael Mulkay and John Ernst, "The Changing Profile of Social Death," *Archives europeennes de sociologie,* 32, 1991, pp. 172-196. 또, 과학사회학에 관한 책으로는 다음 서적 참조. マイケル マルケイ,『科学と知識社会学』, 堀喜望·林由美子·森匡史·向井守·大野道邦訳, 紀伊國屋書店 1985(原著 1979), G. ナイジェルギルバーと·マイケル マルケイ,『科学理論の現象学』, 柴田幸雄·岩坪紹夫訳, 紀伊國屋書店, 1990(原著 1984).

9 Mullkay and Ernst, op.cit., p. 173.

10 ibid., p. 178.

11 アーヴィング ゴッファン,『行為と演技ー日常生活における自己呈示』, 石黒毅訳, 誠信書房, 1974(原著 1959), 176-179쪽.

12 オルランド バターソン,『(世界人権問題叢書)世界の奴隷制の歴史』, 奥田暁子訳, 明石書店, 2001(原著 1982). 시미즈 마나부(清水学)는 "어느 인간 존재가 타인의 의식이나 기억에서 결정적으로 사라져버렸을 때, 그는 이미 사회적으로 죽어있는 것이다"라고 하고, "우리는 모두 누군가에게 사회적으로 죽은 존재이다"라고 말한다. 시미즈에게는 오히려 고독, 외로움, 거주지 없음과 같은 감각을 파악하는 이미지로서 사회적 죽음이라는 개념이 쓰이고 있다(清水学,『(講談社選書メチエ)思想としての孤独ー＜視線＞のパラドクス』, 講談社, 1999, 14-35쪽).

13 デヴィッド サドナウ,『病院でつくられる死』, 129쪽.

14 Mullkay and Ernst, op.cit., p. 179.

15 그렇더라도 어디까지가 생물적·임상적 죽음과 연동한 현상일까 라는 판단의 경계선이 반드시 분명한 것은 아니다. 오히려 사회적 죽음이 생물학적·임상적 죽

음의 발생과 전혀 관계없이 생겨날 수는 없다는 것을 여기에서는 확인해두고자 한다.

16 예를 들면, Helen N. Sweeting and Mary L. M. Gilhooly, "Doctor, am I Dead?: A Review of Social Death in Modern Societies," *Omega*, 24(4), 1992, pp. 251-269; Walter, *The Revival of Death*, pp. 116-119.

17 ロベール エルツ, 「(ちくま学芸文庫)死の宗教社会学──死の集合表象研究への寄与」, 『右手の優越──宗教的両極性の研究』, 吉田禎吾·内藤莞爾·板場作美訳, 筑摩書房, 2001(原著 1907), 37-137쪽. 또 에르츠의 논의에 관한 연구서로서, ピーター メトカーフ·リチャード ハンティントン, 『死の儀礼─葬送習俗の人類学的研究(第二版)』(池上良正·池上冨美子訳, 未来社, 1996[原著 1991]) 참조.

18 ロベール エルツ, 「死の宗教社会学」, 79쪽.

19 같은 논문, 74쪽.

20 같은 논문, 136쪽.

21 이 일과 관련되어 있지만, 유아의 죽음에 대해서는 이중장례가 적용되지 않는다. 유아의 경우는 시신을 나무 구멍에 넣을 뿐이다(ロベール エルツ, 「死の宗教社会学」, 132-134쪽). 이것은 유아의 죽음이 공동체 외의 일로 인식되기 때문이다. 즉, 유아는 타계로부터 아직 완전히 떨어져 있지도 않고 공동체에 포함되어 있지도 않기 때문에, 타계로 직접 돌아갈 수 있다. 다시 말하자면, 시간을 들이며 고생해서 공동체에서 이탈시킬 필요가 없다고 생각하기 때문이다. 이러한 생각은 일본의 전통적 사회에서, '7세까지는 신의 영역', '7세 미만은 상복(喪服) 없음' 등과 같은 인식과 관련성을 느끼게 한다.

22 예를 들면, 1996년 당시 오키나와제도, 요나구니섬에서는 세골이 이뤄지고 있었다. 시신을 관에 넣고, 귀갑묘(龜甲墓, 거북등 모양의 묘)라고 불리는 석실형 묘소에 납관한 뒤 3년에서 7년이 지나면, 시신을 꺼내 세골한다. 씻긴 유골은 단지에 넣고 묘실 안쪽의 선반에 안치된다(「朝日新聞」 1996년 3월 31일부 일요일판). 또, 세골의례는 일본 고대의 모가리(殯)의례나 화장을 한 뒤에 수골을 하는 일본의 독특한 장법과 관련성을 느끼게 한다. 이것에 대해서는 山折哲雄, 『(岩波現代文庫)死の民俗学─日本人の死生観と葬送儀礼』(岩波書店, 2001) 참조.

23 Loring M. Danforth, *The Death Rituals of Greece*, Princeton University Press, 1982.

24 ジャン ボードリヤール, 『象徴交換と死』, 315, 376쪽.

25 참고로 의사에 의한 사인·사망년월일시·사망장소 확인 및 그 보고가 지방관청에 수리되고 죽음이 확정되는 절차가 일본사회에서 체계를 갖춘 것은 1875년부터 1884년에 걸쳐서 나온 정부의 여러 통지를 통해 이뤄졌다. 그 절차는 최종적으로 1900년 내무성령(內務省令) 제41호(<死亡診断書死体検案書並死産証書死胎検案書記載事項ノ件>을 통해 확정되었다. 죽음을 확정하는 기준으로 세 가지 징후를 채택한 것도 20세기 초 무렵에 정착되어, 다이쇼(大正)기 이후로 계속되었다(新村拓, 『在宅死の時代─近代日本のターミナルケア』, 法政大学出版局, 2001, 31, 118쪽).

26 Robert Blauner, "Death and Social Structure," *Psychiatry*, 29, 1966, pp. 378-394.

27 2인칭의 죽음, 3인칭의 죽음과 같은 죽음 양태의 구분은 원래 블라디미르 장켈레

비치(Vladimir Jankélévitch)의 1인칭태의 죽음(자신의 죽음), 2인칭태의 죽음 (친한 타자의 죽음), 3인칭태의 죽음(추상적이고 무명인 죽음, 혹은 일반적인 타자의 죽음) 분류에서 유래한다. 이 분류는 일본에서도 야나기다 쿠니오(柳田邦男)를 시작으로 많은 논자들이 언급하였다(ウラジーミル ジャンケレヴィッチ, 『死』, 仲沢紀雄訳, みすず書房, 1978[原著 1966]).

28 2인칭, 3인칭 이외에 1인칭의 사회적 죽음에 대해 생각하는 것은 가능할까. 예를 들면, 종말기의 혼수상태에 있는 환자나 이미 죽은 자가 사회적 죽음으로 불릴 수 있는 상태에 놓여있다고 해서, 그것을 1인칭적 차원에서 어떻게 인식되는지 묻는다는 것은 곤란하다. 물을 수 있다면, 그것은 외부에서 강요된 사회적 죽음이라는 경우에 대해, 1인칭적 차원에서 당사자가 소외감이나 저항감을 느끼고 있다고 하는 상황일 것이다. 이러한 논점에 대해서는 다음의 문헌 참조. Elizabeth Hallam, Jenny Hockey and Glennys Howarth, *Beyond the Body; Death and Social Identity,* Routledge, 1999.

29 ジーグムント フロイト, 「悲哀とメランコリー」, 『フロイト著作集6』, 飯村恒郎訳, 人文書院, 1970(原著 1917), 138, 146쪽.

30 Walter, *On Bereavement,* pp. 103-115.

31 ジェイムズ ウォーデン, 『グリーフカウンセリング─悲しみを癒すためのハンドブック』, 鳴澤実監, 大学千人カウンセラー会訳, 川島書店, 1993(原著 1991), 13-23쪽.

32 같은 책, 22쪽.

33 Dennis Klass. Phyllis R. Silverman and Steven L. Nickman (eds.), *Continuing Bonds: New Understandings of Grief,* Taylor & Francis, 1996; Dennis Klass and Tony Walter, "Processes of Grieving: How Bonds Are Continued," in M.S. Stroebe, R. O. Hansson, W. Stroebe, and H. Sschut(eds.), *Handbook of Bereavement Research: Consequences, Coping, and Care,* American Psychological Association, 2011, pp. 431-448.

죽음과 사별의 사회학

제6장

'죽음의 터부화' 재고

죽음과 사별의 사회학

1. 터부로부터의 해방?

제2장에서 언급한 것과 같이, 1960년대 미국에서 글레이저와 함께 죽음의 사회학에 대한 고전적 연구를 진행한 사회학자 L. 스트라우스(Anselm L. Strauss)는 1990년대에 영국에서 편집된 『죽음이 사회학』이라는 제목을 붙인 서적의 모두에서 이 책에도 내포되어 있는 '패러독스'를 언급하며 다음과 같이 말하고 있다.

> 저널리스트, 의사, 학자들은 죽음과 죽어가는 것을 터부시하는 주제로 묘사하는 경향이 있다. 그러나 이러한 화제(이 책에도 있는 것처럼 경험적인 화제나 이론적인 화제, 혹은 사상적인 화제 등)를 논하는 문헌이 계속 늘어나고 있고, 신문을 손에 들면 '꼭'이라고 할 수 있을 정도로 어떤 형태로든 죽음에 대한 문제의 논의에 휩쓸리게 된다.[1]

죽음의 터부화라는 인식에 대해서는 앞의 장에서도 기회가 있을 때마다 언급해왔다. 일본에서도 죽음에 대해 논의할 때, 그것이 학문적이든 저널리스틱하든 현대사회는 죽음을 금기시하는 혹은 은폐, 격리, 배제, 부정, 억압하는 사회라는 인식을 전제로 하는 경우가 적지 않다. 동시에 특히 1990년대 이후, 죽음을 주제로 하는 서적이 베스트셀러가 되거나 주요 잡지에서 죽음을 주제로 한 특집이 기획되면서 죽음은 터부에서 해방되어 널리 말할 수 있는 주제가 되었다는 인식도 일반화되고 있다.

터부화와 터부로부터의 해방이라는 두 인식은 서로 반대되는 것
이라고 해도 감각적으로는 순순히 받아들일 수 있게 된 것 같다. 그
러나 죽음이 터부시되고 있다고 해도 예를 들면, 누가, 언제, 어디에
서, 무엇을 터부시하고 있고, 하고 있었는지 또 죽음이 터부로부터
해방되었다고 해도 어떤 측면이 해방되었는지에 대해서는 명확히
인식되고 있지 않다. 죽음의 터부화든 터부로부터의 해방이든, 죽
음을 이야기하는 가운데 기본적인 인식이면서도 그것이 가리키는
것이 명료하지는 않다. 이번 장의 목적은 이러한 점을 정리하고 명
확하게 함으로써 죽음의 터부화 개념을 실질적으로 분명하게 하고
자 한다.

2. 고전적 정형화

먼저 죽음의 터부화라는 주제의 고전적인 정형화부터 정리해보
자. 이러한 정형화로 먼저 거론될 수 있고, 내외적으로 인용빈도도
높은 것은 제3장에서도 언급했던 프랑스의 사회사학자 아리에스의
1970년대 저작 2권과 그도 근거로 들었던 영국의 사회학자 제프리
고러(Geoffrey Gorer)의 1960년대 저작이다.[2]

아리에스와 고러도 죽음의 터부화 과정은 구미에서 20세기 초 무
렵, 특히 제1차 세계대전 이후에 진행되었다고 하는 점에 일치하고
있다. 시간적으로 앞선 고러의 저작이 다루고 있는 장면은 '사별'이
었다. 이어서 아리에스는 사별에 관한 기술에 대해서 고러를 답습하

면서도, 그에 더하여 '병원', '장례', '일상회화'라는 장면을 다루고 있다. ① 병원, ② 장례, ③ 사별, ④ 일상회화 순으로 양자의 논의를 정리해보자.

① 병원: 예전에 집에서 이뤄졌던 죽음은 병원으로 물러났다. 그리고 병원에서는 죽음을 공공연하게 인정하고 입에 담는 것을 피하게 되었고, 환자는 '죽지 않는 척하는 빈사자'[3]라는 역할을 정신적 고독 속에서 연기해야 한다. "사람은 이제 우리 집에서, 가족들 가운데서 죽을 수 없고 병원에서 그것도 혼자서 죽는 것이다."[4]

② 장례: 유체를 가능한 한 신속히 처리하기 위해 장례가 간소화되었다. 그러나 미국에서는 엠바밍처리(Embarming. 방부·수복처치)된 유체와의 대면이라는 형태로 터부에 대한 저항이 나타나고 있지만, 화장률이 상승하고 있는 영국에서는 "재빠르게 더구나 화장으로 완전히 유체를 소멸"[5]시키거나, 묘비를 세우지 않는 등 시신의 흔적을 지워버리려고 하는 경향이 나타나고 있다.

③ 사별: 일정 기간 상복·상장을 몸에 걸치거나 오락을 삼가는 등 복상의 의례가 쇠퇴하고, 사별의 슬픔을 공공연하게 표출하는 것이 병적인 불건전한 것으로 여겨지게 되었다. 사람들은 표면적으로는 아무런 일도 없었던 것처럼 행동하게 되었다. "그래서 사람들은 타인의 마음을 다치지 않도록 탈의나 배설을 할 때와 같이 혼자서 비탄하는 것이다."[6]

④ 일상회화: 일상적인 회화 속에서 죽음을 지칭하여 부를 수 없게 되었다. 구체적으로는 어른이 아이에게 죽음에 대해 직접 이야기하지 않게 되었다. "할아버지의 모습이 보이지 않게 되고, 아이들이 그

이유를 물으면, 프랑스에서는 할아버지가 아주 먼 곳에 여행을 갔다고 답하고, 영국에서는 덩굴이 자라는 아름다운 정원에서 쉬고 있다고 답한다."[7]

그러면 이상과 같은 정형화와는 다르게 특히 구미에서 또 하나의 일반적인 정형화로 된 것이 있다. 그것은 죽음을 무서워하고 따라서 그것을 부정하려고 하는 것은 인간 심리의 보편적인 특질이라고 하는 논의이다. 이러한 논의의 대표적인 예로서, 미국에서 퓰리처상을 수상한 어네스트 베커(Ernest Becker)의『죽음의 부인』(1973)이 있다.[8] 이 논의에 따르면, 인간의 모든 활동의 원동력은 자신의 죽음을 부정하는 것이고, 내셔널리즘, 성애, 종교, 출세, 창작활동 등은 모두 상징적인 형태로 불사성 혹은 그것에 가까운 것을 획득하고 죽음을 의식 밑으로 눌러 넣으려고 하는 행위라는 것이 된다.

죽음의 부정이 정말로 인간의 보편적인 심리적 특성인지에 대해서는 여기에서 묻지 않는다. 다만, 아리에스나 고러의 정형화에서 문제가 되는 것은 죽음을 둘러싼 인간의 심리 특성이 아니라 죽음을 둘러싼 사회의 편성 형태라는 것에 대해서는 여기에서 확인해야 할 것이다. 심리적으로 부정되고 억압된 것은 통상적으로는 억압하는 자의 의식에 이제 떠오르지 않게 된다. 그러나 죽음을 터부화하는 경우는 죽음이 사회에서 그 모습이 지워져 버리는 것이 아니다. 죽음은 발생하고 있지만 그것을 둘러싼 사회 편성의 형태, 예를 들면 죽음을 은폐하거나 격리하는 형태로 되는 것이다. 심리의 보편적 특질이 아니라 사회 편성의 형태이기 때문에, 실질적으로 어떻든 터부화되거나 터부로부터 해방되는 역사적 변화도 생기는 것이다.

나아가 이것과 관련해서 다음 사항에도 언급하고자 한다. 죽음의 터부화에 대해 이야기할 때, 이번 장의 모두에서 사용했듯이, "현대사회는 죽음을 터부시하는 혹은 은폐, 격리, 배제, 부정, 억압하는 사회"라는 표현을 할 경우는 적지 않다. 그 본래의 의미가 현대사회라는 하나의 인격이 있어서 그것이 죽음을 심리적으로 부정하거나 억압하고 있다는 것은 물론 아니다.[9] 이러한 의인화된 표현이 틀린 것은 아니지만, 앞에서 말했던 것처럼 심리적 특질과 사회적 편성의 구별을 애매하게 하고 결과적으로 그것이 가리키는 것을 명료하지 않게 만들어 버린다.

어쨌든 지금부터 검토할 죽음의 터부화라는 인식이 병원, 장례, 사별, 일상회화 등의 장면에서 죽음을 둘러싼 사회 편성의 형태와 관련된다는 것을 우선 확인해두면 좋을 것이다.

3. 공적인 부재, 사적인 현존?

아리에스나 고러의 고전적 정형화를 총괄하면서, 필립 A 멜러(Philip A. Mellor)와 크리스 실링(Chris Shilling)은 죽음을 둘러싼 사회 편성의 방식을 죽음의 '공적인 부재, 사적인 현존'이라는 주제로 정리하고 있다. 멜러 등에 한정하지 않고 죽음의 터부화를 이러한 형태로 파악하는 경향이 일반적으로 있다. 다음은 이 주제에 대해 검토해보자.

앤서니 기든스(Anthony Giddens)는 사회이론에서, 모더니티에 내재하는 '재귀성'(reflexivity)에 주목했다. 재귀성이란 사회의 상태를 늘 모니터링하고 그것을 통해 얻을 수 있는 현상 인식에 따라 사회의 상태를 항상 수정해가는 움직임을 말한다. 고정된 전통이나 그 재해석에 의거하는 것이 아니라, 끊임없이 갱신되는 인식에 의거하면서 끊임없이 자신의 모습을 갱신함으로써 사회생활이 진행되어 간다. 자신의 정체성도 고정된 속성으로서 존재하는 것이 아니라 오히려 계속 재귀적으로 창출되면서, 자신의 손으로 계속 바꿔 써가는, 말하자면 '이야기'로서 존재하는 것이 된다. 이러한 관점에서 볼 때, 죽음은 모더니티에 내재하는 재귀적인 자기 모니터링 시스템에 의해 조절될 수 있는 영역을 넘어서는 곳에 있게 된다. 죽음 그 자제는 인간존재를 배후에서 크게 규정하는 외재적 요인으로서 존재하지만, 그 자체를 인간이 조절하는 것은 (죽어 가는 과정에서 생기는 일은 제외하고) 할 수 없다. 그러한 것으로서 죽음은 격리의 대상이 되고, 하루하루의 생활로부터 은폐된다.[10] 이 기든즈의 논의를 원용하면서, 멜러와 실링은 근대사회에서 죽음은 공적 영역에서 잘려나가 사적 영역으로 재배치되고 있다고 말한다. 예전에 사람들에게 '존재론적 안심'을 제공했던 종교적 질서가 '마술에서 해방'된 결과, 쇠퇴함으로써 죽음의 공적인 의미부여를 잃게 되고 죽음에 대한 접근은 다양화되었다. 죽음이 불러내는 실존적 불안을 공적인 영역에서 이제 처리할 수 없게 된 이상, 죽음은 공적 영역에서 배제되고 공적인 시선이 미치지 않는 사적 영역으로 격리된다. 이러한 죽음의 '사적화' 속에서 사람들은 혼자서 사후의 허무에 대한 공포 등 실존적 불안과 마주하게 된다.[11]

멜러나 실링의 이러한 견해가 죽음의 터부화라는 인식의 핵심을 사정 내로 파악하고 있는 것은 틀림없을 것이다. 그러나 공적 영역이라는 표현의 방법은 그 핵심을 바라보는 시야를 불필요하게 흐리게 한다. 예를 들어, 죽음이 공적 영역에서 부재한다면, 왜 각종 미디어가 만들어내는 공적인 정보공간에서 죽음을 둘러싼 다양한 정보는 넘쳐나는 것인가 하고 물을 수 있을 것이다(이 논점에 대해서는 다음 절 이후에서 다룬다). 더구나 공적인 시야가 닿지 못하는 병원으로 죽음이 격리된다고 말하지만, 견해에 따라서는 병원이라는 공적 기관에서 의사가 발행하는 사망진단서라는 형태로 죽음은 공적으로 인지되고 관리되고 있다고 주장할 수도 있는 것이다.[12] 또 사별에 따른 슬픔의 사적 영역으로 격리된다고 하더라도, 사적인 개인의 생활 속에서 늘 죽음은 현존하는 것이 아니라 그것은 근친자를 잃은 후 일정 기간에 특히 강하게 나타나는 것이다. 그 이외의 기간에는 어린 아이가 있는 가정이라면, 텔레비전에 방영되는 폭력적인 죽음의 장면에 당황하며 부모가 채널을 바꾸는 것처럼, 사적 생활에서도 죽음은 은폐되어 있다고 말할 수 있다.[13]

'공적인 부재, 사적인 현존'이라는 인식에서는 공적 영역, 사적 영역이라는 표현이 무엇을 가리키는지 분명하지 않다. 말하자면, 공적 영역 또는 사적 영역의 안팎에서 죽음을 다루는 방식의 차이와 같은 공간적인 차이로서 터부의 실태가 이미지되어 버린다면, 그 실질을 보기는 어렵게 된다. 이러한 점에 입각해서, 이하의 내용에서는 먼저 4가지 장면으로 나눠서 정리한 죽음의 터부화 양상을 고전적 정형화에 대한 비판도 일부 고려하면서 재정리하고자 한다.

① 병원: 병원이라는 장면에서 문제가 되는 것은, 병원의 외쪽 세계에서는 죽음이 터부시되고 죽음을 병원 안쪽에 가두고 있다고 하는 공간적인 차이가 아니다. 병원의 안쪽이라고 해도 죽음은 1인실이나 집중치료실에 꼼꼼히 은폐되어 있다는 것으로서, 반복해서 말하자면, 이와 같이 방의 안과 밖이라는 차이에 핵심이 있는 것이 아니다. 결국 무엇인가 기피되고 있는 것이라면 그것은 죽어가는 자와의 관계, 즉 죽어가는 자에게 신체적으로 다가가 정신적으로 관계를 맺는 것이다. 죽어가는 자와의 관계는 '무엇을 하면 좋을까'하는 당혹감, 그리고 멜러 등이 말하는 실존적 불안을 불러일으킨다. 그리고 이러한 불안이 일어나게 되는 것은 불안을 처리할 수 있는 '공적인' 해석의 도식, 관계자 사이에서 공유된 '죽음의 이야기', 그리고 그것에 부수하는 공유된 행동 양식이 이제 존재하지 않기 때문이다. 죽어가는 자 본인이 이러한 불안을 주위에 환기시키는 것을 바라지 않는 혹은 허용하지 않는 경우, 그(또는 그녀)는 아리에스가 말하는 '죽지 않는 척하는 빈사자'라는 역할을 연기할 수밖에 없게 된다.

② 장례: 앞에서 말한 것처럼, 미국에서는 엠바밍처리된 유체와의 대면이라는 형태로 터부에 대한 저항이 나타나고 있다고 아리에스는 보고 있었다. 그러나 우치다 류조(內田隆三)가 지적하듯이, 사람들은 여기에서 정말로 죽은 자들과 대면하고 있는 것이 아니라 오히려 '산 자의 범용 모조품'으로 바뀐 '유사한 죽은 자'와의 '환각적 대면'을 연기하고 있다고 볼 수 있을 것이다.[14] 그리고 이러한 대체물에 손을 대고 있는 것이 장례 산업이다. 유체는 여기에서 방부 처치든 메이크업이든 가구와 같은 관이든 넘치는 꽃이든 여러 가지 상품

이 투입되고 소비되는 자리가 된다. 상품으로 치장된 유체는 터부로부터 해방되어 보여지는 것이라기보다 오히려 그것이 본래 지니고 있는 죽음이 꼼꼼히 은폐되어 있는 것이다. 아리에스가 거론한 영국의 사례에서 유체가 신속하게 처리되는 것에 대해서도 여기에서 문제가 되는 것은 유체처리인 사적 영역으로의 격리가 아니라 오히려 가족이나 지인 등의 사적인 모임에서도 유체에 대해 느껴지는 어떤 기피의 느낌이라는 것을 확인해두고 싶다.

③ 사별: 사별이라는 장면에서도 문제가 되는 것은 공적 영역에서 배제된 사별의 슬픔이 사적 영역의 안쪽에 격리되어 있다는 등의 공간적인 차이가 아니다. 여기에서도 기피되는 것은 사별의 슬픔을 안고 있는 자와의 관계, 즉 사별한 자의 곁에 다가가 그 슬픔을 느끼려고 하는 것이다. 사별한 자와의 관계는 "무엇을 말하면 좋을지 모른다"고 하는 당혹감을 불러일으킨다. 그리고 이러한 당혹감이 일어나게 되는 것은 죽어가는 자와의 관계와 마찬가지로 슬픔을 처리할 수 있는 '공적인' 해석 도식, 관계자 사이에서 공유되는 '죽음의 이야기'가 그리고 그것에 부수하는 공유된 행동 양식이 이제는 존재하지 않기 때문이다. 사별한 본인이 이러한 당혹감을 주위에 초래하지 않기를 바라거나 결과적으로 주위에서도 형식적이고 표면적인 위안의 말밖에 돌아오지 않는다고 느낀다면, 그(또는 그녀)는 슬픔을 표출하기는커녕 사별했다는 사실조차 알리는 것을 그만둘지 모른다.

④ 일상회화: 이 점에 관해서 우츠노미야 테루오(宇都宮輝夫)는 다음과 같이 말한다.

가정에서 말하는 것을 꺼리는 것은 아니지만 굳이 이야기하지 않는 화제는 죽음뿐만 아니라 무수히 많다. 개발도상국 문제나 핵무기 삭감의 문제에 대해 일반 가정에서는 이야기하지 않아도 별로 이상하지 않듯이, 죽음에 대해서 말하지 않는다고 해도 그것을 특별히 터부라고 불러야 할 필요는 없다.[15]

분명히 그렇기는 하지만, 여기에서 아리에스가 여기저기에서 들고 있는 구체적인 사례가 실질적으로는 부모가 아이에게 죽음을 가르친다고 하는 장면에 한정되어 있다는 점에 유념해야 한다. 일반적으로 죽음의 문제를 이야기하는 것과 달리 부모가 아이에게 죽음을 가르치는 것에는 많은 경우, 나중에 다가올 부모(혹은 조부모)의 죽음이라는 사실이 투영될 수밖에 없을 것이다. 거기에서 이야기되는 것이 죽어가는 부모와 어떻게 하면 좋을지 또 부모와 사별한 뒤에 슬픔은 어떻게 처리하면 좋을지 등에 대한 것과 중첩되는 것이라면, 앞의 ①, ③에서 본 것과 같은 곤란함과 기피의 느낌이 있을 것이다. 그리고 가정이라는 사적 영역에서 아이들에게 죽음을 가르치는 것을 기피하는 느낌이 있다고 한다면, 이것 또한 죽음의 '사적인 현존'이라는 인식에 반하는 사례가 될 것이다.

이상 재정리한 내용을 토대로 일단 여기에서는 다음과 같은 결론을 내리고자 한다. 죽음의 터부화라는 인식의 실질은 죽어가는 자든 사별한 자든 또는 유체에 대해서든 몸에 죽음의 징조를 띠는 자와의 '관계', 즉, 몸에 죽음의 징조를 띠는 자에게 신체적으로 다가가, 정신적으로 관련된 것에 대한 기피 경향(그것이 '공적 영역'에서의 일이든 '사적 영역'에서의 일이든)의 존재라는 점에 있다('죽음의 터부화'라는 말을 이 의미에서 사용할 경우, 이하에서는 '죽음의 터부화'라고 표기한다).

4. '죽음의 포르노그래피' 재고

이제 각종 미디어에 넘치는 죽음을 둘러싼 정보에 대해 생각해보자. 정보의 공간에 모습을 보이는 죽음에 대해서는 아리에스나 고러도 이미 지적하였다. 예를 들면, 아리에스는 1977년에 간행된 책에서, 미국에서 죽음을 취급하는 출판물이나 텔레비전 프로그램이 증가한다는 사실을 언급하면서, 다음과 같이 기술하고 있다. "우리는 지금 죽음을 앞둔 새로운 깊은 변화에 직면해있는 것이 아닐까. 침묵의 규칙은 이제 통하지 않게 되었다."[16] 모두에서도 말했듯이, 이러한 경향을 파악하며 '죽음의 터부로부터의 해방'이 이야기되기도 한다. 그렇다면, 앞에서 재정리한 것처럼, 터부화의 경향과 터부로부터의 해방은 어떻게 관련되어 있다고 보면 좋을까? '해방'된 것이 있다고 해도 그것이 무엇이고 또 '해방'되지 않은 것이 있다고 하면 또 그것은 무엇일까. 이하에서는 우선 '죽음의 포르노그래피'라는 고러의 고전적 개념을 재검토하는 것에서 논의를 진행해보자.

죽음의 포르노그래피 개념을 고러가 처음 사용한 것은 앞에서 거론했던 1965년의 저작에 앞서 55년에 잡지에 게재했던 「죽음의 포르노그래피」라는 소론에서였다.[17] 이 개념의 기저에는 19세기에 터부시되던 성(性)을 대신해 20세기에는 죽음이 터부시되었다고 할 때의 그 죽음의 터부화이다. 그러나 고러가 죽음의 포르노그래피 개념으로 직접 제시하려고 했던 것은 오히려 미디어가 만드는 정보공간에 출현하는 폭력적인 죽음의 이미지이다. 고러는 다음과 같이 말한다.

> 사람들은 시치미를 떼며 자연사를 더 덮어버리고 숨기면서, 또 한편으로는 폭력적인 죽음이 대중에 공급되는 공상들－예를 들면, 추리소설, 스릴러, 서부극, 전쟁소설, 스파이소설, SF, 공포물－속에서 끊임없이 그 중요성을 늘려가고 있다.[18]

소설이나 만화(1965년의 저작에서는 공포영화나 성인영화가 내용에 더해짐) 등의 미디어에서 그려지는 사고나 범죄, 전쟁 등으로 인한 비일상적이고 폭력적인 죽음의 이미지, 이것이 고러가 말하는 죽음의 포르노그래피이다. 그리고 고러의 논의에서는 이 죽음의 포르노그래피를 죽음의 터부화가 초래하는 하나의 귀결인 것으로 인식한다는 점이 특징이다.

원래 포르노그래피란 성에 관한 "터부시된 행동을 묘사하고 환상·망상을 생산하려고 하는" 것이었다.[19] 고러에 따르면, 일상생활 속에서 만나는 자연사가 가려져 숨겨지고 터부시되는 것이 죽음을 이미지화하려고 하는 욕망을 생산하고, 이렇게 해서 미디어에서 죽음의 포르노그래피가 은밀한 흥분과 쾌락을 갖고 향유하는 것으로 되었다.[20] 앞에서 장례에서의 유체가 거기에 여러 가지 상품이 투입

되고 소비되는 자리가 되고 있다고 말했는데, 고러의 이러한 견해에
따르자면, 정보공간에서는 죽음이 거기에 상품으로서의 여러 가지
이미지 혹은 정보가 투입되고 소비되는 자리가 되고 있다.

또 고러는 죽음의 포르노그래피 내용에 대해서, "흥분은 어디까
지나 높일 수 있지만, 행위에 보통 수반되는 감정 – 사랑 혹은 슬픔 –
에는 거의 또는 전혀 주의하지 않는다"고 말하고 있다.[21] 고러에 따
르면, 일상적인 죽음이 가려져 숨겨있는 것이 죽음에 대한 일종의
'무감각'을 생기게 하고, 그 하나의 징후가 죽음의 포르노그래피 증
식이라는 것이다. 고러가 예를 든 것처럼, 가공의 폭력적인 죽음의
이미지에 관한 한 이러한 견해도 있을 수 있다. 그러나 정보공간에
모습을 나타내고 있는 것은 이러한 죽음만이 아니다. 가공의 죽음이
라고 하더라도, 드라마의 등장인물의 죽음에 눈물을 흘리는 경우는
어떨까?

이 점을 두고, 월터 등은 영국의 뉴스 보도, 특히 사고나 재해 희생
자에 관한 보도를 염두에 두면서 고러를 비판한다. 그들에 따르면,
이러한 보도에는 감정에 주의하기는커녕 유족의 슬픔에 특히 많은
관심을 갖는다. 이러한 관심은 죽음의 포르노그래피, 즉 엿보려는
욕망 또는 '샤덴프로이데'(Schadenfreude, 타인의 불행에서 느끼는
행복)이라고 할 수 있는 욕망에 유래한다고 해석될 수도 있다. 그러
나 월터 등은 여기에서 오히려 갑자기 비극에 휩쓸린 평범한 사람들
인 유족과 동일시하는, 즉 '나에게 일어났더라도 이상하지 않은 일'
이라는 느낌이 시청자 쪽에 생겨난다고 말한다. 또 그들에 따르면,
유족의 슬픔 묘사나 영상은 상복 등의 의례가 상실된 현대에 사별의

슬픔을 어떻게 표출해야 하는지 알려주는, 일종의 모델을 제공하는 역할을 결과적으로는 하고 있다는 것이다.[22]

이상과 같은 고러와 월터 등의 의견 차이는 죽음의 정보를 둘러싼 양자의 해석 차이라기보다 오히려 양자가 구체적으로 염두에 두고 있는 정보의 성질 차이에 따른 것이다. 다시 말하자면, 이것은 죽음의 정보라고 하더라도 내용적으로 다양하고 그 질적 차이를 어느 정도 고려할 필요가 있다는 것을 시사한다. 이하에서는 이 점에 대해 간단히 정리해보고자 한다.

5. 소비되는 '죽음의 가이드라인'

여기에서 다양한 죽음을 둘러싼 미디어 정보를 망라해서 분류하려는 것은 아니다. 여기에서의 목적은 미디어가 만드는 정보공간에서의 죽음의 정보, 그 질적인 차이에 대해 어느 정도 전망해보려는 것이다. 정리를 위한 이념형으로서, 고러가 시사했던 것처럼 숨겨진 것을 이미지화하고 은밀한 흥분과 쾌락을 환기시키는 정보를 '죽음의 포르노그래피'라 하고, 월터 등이 시사했던 것처럼 죽음이나 사별의 경우 있어야 하는 수용의 방법이나 행동 양식을 알려주는 정보를 '죽음의 가이드라인'이라고 부르도록 하자. 그리고 정보의 수신자가 볼 때, 누구의 죽음, 사별로 취급되는 일인가 하는 관점에서 <그림 7>에서 보여주고 있듯이, 죽음의 정보를 구분한 뒤에 각각의 질적 차이에 대해 주로 일본의 경우를 염두에 두고 정리하고자 한다.[23]

우선 A는 고
러가 사례로 들
었던 것처럼, 소
설, 코믹, 영화,
더 추가하자면
텔레비전 드라
마나 애니메이
션, 텔레비전 게

〈그림 7〉 죽음 정보의 질적 차이

A	가공의 죽음과 사별
B	실재의 죽음과 사별
Ba	타자의 죽음과 사별
Ba1	저명인의 죽음과 사별
Ba2	일반인의 비일상적인 죽음과 사별
Ba3	일반인의 일상적인 죽음과 사별
Bb	자신의 죽음과 사별

임 등에 나타나는 가공의 인물 또는 인물이라고 보기는 어려운 몬스
터와 같은 가공된 존재의 죽음에 관한 것이다. 이런 종류의 죽음의
표상은 사람들의 욕망에 유형을 부여하기 위해 창작된 것이기 때문
에, 포르노그래피적 성질을 띠는 경우가 많다. 다만 드라마나 애니
메이션 등장인물의 죽음이나 그 죽음을 슬퍼하는 다른 등장인물에
자신을 중첩시켜서 눈물을 흘리는 경우, 그것에는 죽음, 사별의 유
사한 체험이 생긴다. 그런 경우, 그것에서 체험되는 정보는 결과적
으로 가이드라인적 성질을 띠게 된다. 또 가공의 이야기라고 하더라
도 아이에게 죽음을 가르치는 것을 목적으로 하는 그림책이나 동화
처럼 가이드라인적인 의도를 명백히 갖는 것도 있다.

B는 가공이 아닌 실재 인물의 죽음으로서, 타자의 죽음(Ba)과 나
의 죽음(Bb)으로 나눠서 생각할 수 있다. 우선 타자의 죽음이다. 미
디어에서 취급되고 '뉴스'가 되는 것은 정치가나 연예인의 죽음
(Ba1)의 경우와 유명하지 않은 일반인의 대규모 재해나 사고, 특이
한 범죄 등으로 인한 죽음이라는 의미에서 비일상적인 죽음(Ba2)의

경우이다(<그림 7>의 점선 내). 앞에서 말했듯이, 이런 종류의 죽음 표상이 엿보기와 같은 샤덴프로이데로 형용할 수 있는 욕망으로 향유된다고 하면, 그것은 포르노그래피적 성질을 띠는 것이 된다. 그러나 A와 같이, 좋아하는 아티스트의 죽음 뉴스에 충격을 받거나 피해자·피해자 유족의 비탄에 마음 아파한다면, 거기에는 유사한 죽음, 사별의 체험이 생겨난다. 이 경우 시청한 영상이나 담화, 코멘트 등은 결과적으로 가이드라인적인 성질을 띠게 된다.

그런데 같은 타자의 죽음이라도 일반인의 일상적인 죽음(Ba3), 나이가 들어 병원에서 성인병으로 인해 죽는 전형적인 죽음은 집합적인 통계적 수치라는 형태를 제외하면 통상 '뉴스'가 되지 않는다. 그러나 죽음에 이를 때까지의 투병 수기나 죽음을 눈앞에 둔 간호나 개호, 임종 돌봄의 기록, 사별체험의 기록 등은 서적이나 홈페이지 형태로 다수 존재한다. 이런 종류의 정보는 "같은 괴로움에 힘들어하는 사람들에게 조금이나마 도움이 된다면"이라는 표현에서도 알 수 있듯이, 발신자가 의도적으로 그렇게 하는 경우를 포함하여 가이드라인적인 성질을 띠는 경우가 많을 것이다.

마지막으로 정보의 수신자인 자신의 죽음을 둘러싼 표상이다(Bb). 에피쿠로스 이후로 많은 논자들이 지적해왔듯이, 실재의 죽음이라고 하더라도 나의 죽음을 내가 살아서 경험할 수는 없으며, 그것에 대한 이미지 역시 추상적인 것이 되기 쉽다. 그러나 이런 나의 죽음을 둘러싸고 많은 정보가 소비된다. 예를 들면, 그것은 죽음의 프로세스나 사후 세계의 양상을 해설하는 종교적·유사 종교적인 언설이나 영상 또는 '자신의 죽음 준비', '자신이 결정하는 죽는 방법',

'자신다운 장송, 묘' 등을 말하는 논의이다. 사별에 대해서도 그 슬픔을 치유하기 위한 많은 심리학적 지식을 가미한 조언이나 수첩, 가이드북이 있다. 이런 종류의 죽음 표상은 가이드라인적 성질을 띤다. 그렇더라도 (앞의 **Ba3**인 경우를 포함하여) 발신자에게는 가이드라인적 성질을 갖는 정보이지만 수신자는 포르노그래피적으로 수용하는 경우도 당연히 있을 수 있다.

이와 같이 가공의 죽음, 타자의 죽음, 자신의 죽음이라는 구분에 따라 죽음의 정보 내용을 정리했지만, 실제로는 하나의 언설이나 영상 속에 이러한 것들이 복합적으로 논의되고 나타나는 경우가 많을 것이다. 그 경우도 포함해서 위의 정리 내용을 개괄하면, 미디어가 만드는 정보공간에서 죽음의 정보는 그 정보의 성질 차이에 따라 포르노그래피적 성질과 가이드라인적 성질을 각각 정도가 다르게 지니고 있으며, 발신자에 따라 생산되고 수신자에 따라 소비된다고 말할 수 있겠다.

고바야시 나오키(小林直毅)는 여기에서 저명인의 죽음(Ba1), 일반인의 비일상적 죽음(Ba2)을 분류한 죽음에 관한 텔레비전 보도를 언급하면서, 그것을 시청하는 것이 얼핏 보면, 2인칭의 죽음 경험처럼 보이지만 실은 언제든지 리셋할 수 있는 3인칭의 죽음 경험일 뿐이라고 말한다.[24] 또 이런 죽음의 정보는 죽음 자체가 아니라 사자의 생전 활동이나 관계자나 유족의 담화, 나아가 "돌아가신 분의 몫까지 앞으로 열심히 산다"고 하는 상징적인 코멘트 등 생을 의미하는 기호로 가득 채워져 있고, 그것에 따라 '죽음의 불가역성을 생의 지속성 이야기로 전환시킴'으로써 결과적으로는 죽음을 은폐, 배제하는 것이 되고 있다고 말한다. 어떤 죽음의 정보처럼, 가이드라인적인 성질을 띠고 있다고 하더라도 그 정보가 유통하는 것을 가리켜서 죽음이 터부로부터 해방되었다고 말할 수는 없을 것이다. 이 점에 대해 지금까지의 논의를 토대로 다음의 내용을 검토해보자.

6. 단편화하는 '죽음의 이야기'

포르노그래피적인 것이든 가이드라인적인 것이든, 죽음의 정보가 정보공간에 유출되는 배경에는 앞에서 간단히 언급했듯이, 죽음을 둘러싼 '공적인' 해석 도식, 공유된 '죽음의 이야기' 그리고 그것에 부수되는 공유된 행동 양식이 이미 존재하지 않는다고 하는 상황이 있다. 제4장에서도 봤듯이, 예전에 '성스러운 천개'로서 공동체의 광범한 영역을 덮고 카오스로서의 죽음에 대한 방호벽으로서 존재하고 있던 종교적인 의미 질서인 코스모스는 근대화와 함께 그 효력이 감소되었다.

구미의 경우, 특히 19세기 후반 이후에 급속한 산업화, 도시화, 인구의 증대가 이뤄지면서 그때까지 성직자나 교회가 맡았던 죽어가는 자나 사별한 자에 대한 돌봄, 유체의 매장 등의 역할은 의료진이나 상조업자, 공동묘지, 카운슬러 등이 맡게 되었다. 그리고 이러한 변화와 함께 천국, 지옥 또는 연옥 등을 말하는 죽음의 이야기도 약화되었다.[25] 일본의 경우, 이치노카와 야스타카(市野川容孝)가 말한 것처럼, 우선 제2차 대전이 종결되면서 "국가라는 전체성에 따른 죽

음의 의미부여"인 효력의 상실이라는 사실에 유의할 필요가 있을 것이다.[26] 1945년 종전이 임박해졌을 때, 야나기타 쿠니오(柳田國男)가 『선조의 이야기』(先祖の話)에서 서술했던 것처럼, 근처에 있으면서 정기적으로 자손의 곁을 찾아오는 선조의 영혼에 결국에는 융합되어간다고 하는 이야기가 예전에는 여러 공동체에서 공유되고 있었는지도 모른다.[27] 그러나 전쟁 중에 이러한 이야기는 '가족국가관'과 연결되고, 국가에 헌신하고 목숨을 바치는 것까지도 정당화되는 이야기로 변질되었다. 그리고 전쟁 후에 이 이야기는 효력이 상실되고 그것을 말하는 것도 억압되어버렸다. 그렇더라도 선조 제사와 같은 이야기가 성묘 등 생활습관 속에 살아남아 있는지는 모르겠지만, 이에(家) 제도의 폐지나 산업화·도시화에 따른 집·지역 공동체의 해체에 따라 그 실질적 의미는 희박해졌다.[28] 일본에서도 이러한 과정과 병행하여 병원사가 증대하고, 장례업자의 진출이 현저하게 이뤄졌다.

그런데 죽음 이야기의 이러한 약화를 죽음 이야기의 '상실'인 것으로 말해야 하는 것은 아니다. 오히려 거기에서 생기는 것은 죽음 이야기의 단편화·다양화이다. 엘리아스가 말한 것처럼, 격식있는 행동 양식이 약화되면서 죽어가는 사람이나 사별한 사람을 앞에 두고 적절한 말이나 행동을 찾아내는 과제는 "개개인의 앞으로 되돌려지게" 되었다.[29] 앞에서 본 죽음의 '공적인 부재, 사적인 현존'이라는 인식에 대해서도 그것을 말할 수 있다고 한다면, 이 의미에서 즉, 공적인 죽음의 이야기는 부재로 되고 그 대신 죽음의 이야기는 사적인 이야기로서 나오지 않을 수 없게 되었다고 하는 의미에서 그렇다.

그러나, 사적인 죽음의 이야기를 만들어내는 작업이 쉬운 일은 아니다. 많은 경우 포기하며 이야기는 공백인 상태로 멈춘다. 이러한 작업을 어쩔 수 없이 하도록 하면, 실존적 불안이나 당혹감을 불러낼 것 같은, 죽어가는 자, 죽음으로 헤어진 자 등 몸에 죽음의 징조를 띠는 자들과의 신체적·정신적인 관계도 기피된다. 이것은 앞에서 '죽음의 터부화'로 확인된 것이다. 물론 죽음의 부정(不淨)을 기피하는 태도는 근대 이전의 많은 문화에 존재하고 있었다. 그러나 그러한 태도는 앞의 제4장에서 언급했듯이, 종교적인 의미 질서인 코스모스에 편입된 것이었다. 여기에서 말하는 기피의 태도는 그러한 코스모스 자체의 부재에서 유래한다는 점에서 크게 다르다.

그리고 이것도 이미 살펴봤듯이, 이렇게 죽음이 덮여 숨겨지고 터부시되는 것이 배경으로 되면서도 또 한편으로는 죽음을 이미지화하려는 욕망이 생겨나 포르노그래피적 정보가 나오게 된다. 그런데 종말기 의료의 문제나 고령기의 늙음, 사별의 문제를 거론할 필요도 없이 사람은 언젠가 자신이나 가까운 사람의 죽음에 직면할 수밖에 없는 것도 사실이다. 그때 필요하게 될 죽음의 이야기를 조달하고 공백을 채우기 위해서, 그 필요에 응하는 형태로 가이드라인적인 정보가 산출된다. '죽음의 터부로부터의 해방'이라는 인식의 실질은 이러한 '죽음의 가이드라인'적인 정보가 정보공간에 대량으로 유통하는 것 또는 그것이 하나의 요인이 되어 병원에서도 말기암 고지율의 증가나 존엄사의 승인 등에서 보이는 것처럼 죽음이 공개적으로 이야기되는 경향이 보이기 시작한다는 점에 있다.

그런데 여기에서 확인해둘 점은 가이드라인적 정보가 유통되는 것이 '죽음의 터부화' 해소에 직결되는 것은 결코 아니라는 것이다. 문제의 핵심은 만약 어떠한 가이드라인에 따라 죽는 법이나 사별의 방법을 어떤 자가 선택한다고 하더라도 그 선택된 것은 그·그녀 이외의 타자가 공유할 수 있을지의 여부는 원칙적으로 불확정적이라는 점에 있다. 앞에서 간략히 정리한 것과 같이 정보공간에는 다양한 죽음의 가이드라인적인 정보가 산재해있다. 어떤 것은 그것에 공감하는 사람들에게 서로 교섭은 없더라도 정보공간 상의 '상상의 공동체'를 형성하는 중심축이 된다.[30] 또 어떤 것은 실제로 그것을 둘러싸고 단체·협회·그룹 등의 조직된 공동체가 형성되는 중심축이 되기도 한다. 만약에 그 가이드라인이 죽음의 자기결정이나 사후의 자기결정을 거론한 것이라고 해도 사정이 바뀌지는 않는다. 어느 쪽이든 죽음의 이야기나 죽음의 가이드라인은 단편화·다양화되고 있다. 물론 다양한 이야기 가운데 어느 것인지 예로 든다면, 자신다운 죽음의 방식을 구현하는 것으로 선택하고, 그것에 따른 행동을 하는 것이 가능하기는 할 것이다. 그러나 다른 사람도 그 이야기를 공유할 수 있을 것인가에 대해서는 불확정적이다. 어떤 이야기를 중심축으로 해서 조직된 공동체의 내부에 있어서도 이러한 불확정성이 드러날 가능성은 늘 존재하고 있다. 그리고 이러한 불확정성이야말로 몸에 죽음의 징조를 띤 자와의 관계 기피가 일어나는 죽음의 터부화를 초래하는 것이다. 그렇다면, 죽음의 가이드라인적 정보가 유통하고 그것에 따라 자신다운 죽음의 방식·사별의 방식에 대한 선택이 이뤄지게 되며, 이런 의미에서 죽음은 터부로부터 해방되었다고 해도,

죽음의 터부화 경향은 여전히 존재하며 멈추지 않을 것이다. 죽음의 터부화는 '자신의 선택'과 관련되는 것이 아니라 '타자와의 관계'와 관련되는 것이기 때문이다.

[주]────────────

1 Anselm Strauss Foreword, D. Clark(ed.), *op.cit.,* p. ix.

2 フィリップ アリエス, 『死と歴史』; フィリップ アリエス, 『死を前にした人間』, 成瀬 駒男訳, みすず書房, 1990(原著 1977); ジェフリーゴーラー, 『死と悲しみの社会学』, 宇都宮輝夫訳, ヨルダン社, 1986(原著 1965).

3 フィリップ アリエス, 『死と歴史』, 274쪽.

4 같은 책, 71쪽

5 같은 책, 239쪽

6 ジェフリーゴーラー, 『死と悲しみの社会学』, 234쪽.

7 フィリップ アリエス, 『死と歴史』, 234쪽.

8 アーネスト ベッカー, 『死の拒絶』, 今防人訳, 平凡社, 1989(原著 1973).

9 Allan Kellehear, "Are We a 'Death-Denying' Society?: A Sociological Review," *Social Science and Medicine,* 18(9), 1984, p. 720, 723.

10 アンソニー ギデンズ, 『モダニティと自己アイデンティティー後期近代における自己 と社会』, 秋吉美都·安藤太郎·筒井淳也訳, ハーベスト社, 2005(原著 1991), 181-183 쪽.

11 Philip A. Mellor, "Death in High Modernity: The Contemporary Presence and Absence of Death," in D. Clark (ed.), op.cit., pp. 11-30; Philip A. Mellor and Chris Shilling, "Modernity, Self-Identity and the Sequestration of Death," *Sociology,* 27(3), pp. 411-431.

12 David Armstrong, "Silence and Truth in Death and Dying," *Social Science and Medicine,* 24(8), 1987, pp. 651-653.

13 Tony Walter, Jane Littlewood and Michael Pickering, "Death in the News: The Public Invigilation of Private Emotion," *Sociology,* 29(4), 1995, p. 593.

14 内田隆三, 『消費社会と権力』, 岩波書店, 1987, 134-141쪽.

15 宇都宮輝夫, 『生と死の宗教社会学』, ヨルダン社, 1989, 168-170쪽.

16 フィリップ アリエス, 『死を前にした人間』, 530쪽.

17 고러가 사별에 대한 연구를 시작하게 된 계기는 1961년에 있었던 남동생의 죽음 이었다. 「死のポルノグラフィ(The Pornography of Death)」라는 소논문은 그 이전 에 쓴 것이고, 다루고 있는 내용도 사별에 한정되지 않은 죽음에 관한 일반적인 사

레이다. 그에 비해, 65년 저작에서는 주로 사별이 주제가 되는데, '死のポルノグラフィ'라는 말도 주20)에서 제시한 두 군데에서 사용되고 있다.

18 ジェフリーゴーラー, 『死と悲しみの社会学』, 209쪽.

19 같은 책, 205쪽.

20 같은 책, 51, 179쪽.

21 같은 책, 209-210쪽.

22 Walter, Littlewood and Pickenring, op.cit., pp. 579-596.

23 이하의 구분에 대해 제5장에서도 언급한 장켈레비치의 1인칭태의 죽음(자신의 죽음), 2인칭태의 죽음(친한 타자의 죽음), 3인칭태의 죽음(추상적이고 무명의 죽음, 혹은 일반적인 타자의 죽음)의 분류를 기초로 한다(ウラジーミル ジャンケレヴィチ, 『死』). 대상이 미디어에서의 '죽음 정보'라는 것을 고려하고 또 앞에서 정리한 고러, 월터 등의 논의에 입각해서 장켈레비치의 분류를 재구성, 세분화했다.

24 小林直毅, 「メディア·テクストにおける死の表象」, 伊藤守·藤田文編, 『(Sekaishiso Seminar)テレビジョン·ポリフォニー: 番組·視聴者分析の試み』, 世界思想社, 1999, 131-157쪽.

25 Tony Walter, The Eclipse of Eternity: A Sociology of the Afterlife, Macmillan, 1996, pp. 69-136.

26 市野川容孝「超越と他者―死の社会性をめぐって」, 『イマーゴ』, 1994年9月号, 青土社, 230-233쪽.

27 柳田國男, 「祖先の話」,

28 森岡清美, 『家の変貌と先祖の祭』, 日本基督教団出版局, 1984.

29 ノルベルト エリアス, 『死にゆく者の孤独』, 43쪽.

30 '상상의 공동체'라는 말은 베네딕트 앤더슨이 활자 미디어로 형성되는 정보공간을 통해 국민의식을 공유하게 된 사람들을 가리켜서 사용한 말이다(ベネデイクト アンダーソン, 『(ネットワークの社会科学シリーズ)想像の共同体――ナショナリズムの起源と流行(増補)』, 白石さや·白石隆訳, NTT出版, 1997[原著 1991]). 이번 장의 맥락에서는 각종 미디어로 형성되는 정보공간을 매개로 어느 특정한 죽음의 이야기를 공유하게 되는 사람들을 가리켜서 이 말을 사용한다. 이 개념의 이러한 사용법에 대해서는 다음의 문헌 참조 바람. Clive Seale, Constructing Death: The Sociology of Dying and Bereavement, Cambridge University Press, 1998.

죽음과 사별의 사회학

죽음의 공동성, 생의 관계성

죽음과 사별의 사회학

1. 죽음을 수용하는 공동성

지금까지 살펴봤던 논의와 관련지으면서, 죽음의 자기결정, 죽음의 공동성, 생의 관계성 등의 개념을 실마리로 죽음을 둘러싸고 일어나는 인간관계의 형태에 대해 생각해보자.

앞의 장에서 죽음의 터부화라는 인식의 고전적 정형화로서 아리에스와 고러의 논의에 대해 언급했다. 그들의 정형화에 대해서는 그것이 과거의 죽음의 방식, 사별의 형태를 미화하고 이상화하면서 그것을 토대로 현대를 비판한다는 인식이 있기도 하다. 이때 이상화되는 과거란 아리에스의 경우는 중세에 죽음을 자연의 섭리로 받아들이고 교회 부지에 서로 겹쳐서 매장하는, 죽음을 '길들인' 공동체이고, 고러의 경우는 빅토리아 시대에 공유하였던 상복 의례에 따라 슬픔을 서로 표출하는 공동체이다. 이러한 공동체에서 죽는 자는 평안하게 죽고 또 사별의 슬픔은 따뜻하게 받아준다고 하는 논조가 양자의 논의에서 명확히 느낄 수 있다.

여기에서는 아리에스의 논의를 예로 살펴보자. 아리에스에게 죽음의 터부화는 제3장에서도 언급했지만, '길들여진 죽음'에서 '터부시된 죽음'으로 라는 역사적 변화로서 이해된다. '길들여진 죽음'이란 유럽에서 5세기경부터 18세기 말까지 존재했다고 하는, 사람들의 죽음에 대한 태도나 사고방식의 총칭이다. '길들여진'이란 들개를 길들여서 애완견으로 가까이에 두는 것처럼, 사람들이 죽음을 매우 가까운 것으로서 일상생활의 일부로 수용하고 있었다는 것을 의미한다. 죽음은 자연의 섭리로서 인간이라는 종의 집합적 운명이고 그러므로 매우 자연스럽게 담담히 수용할 수 있는 것이다.

여기에서는 길들여진 죽음이라는 이미지를 상징한다고 볼 수 있는 '이노상 묘지'(Innocents)에 관한 아리에스의 논의에 대해 언급해보자.[1] 이노상 묘지는 파리 중심부에 위치한 공동묘지로서, 중세부터 18세기경까지 사용되고 있었다(<그림 8> 참조). 이노상 묘지는 교회 부지가 죽은 자를 위한 묘지이면서 동시에 산 자를 위한 '공동의 광장'으로서 기능하고 있었다. 교회의 본체를 그 일부로 하고 둘러친 회랑에 둘러싸인 광장에는 '대공동 무덤'이 있고, 그곳에 유체를 던져 넣었다. 무덤이 가득 차면 또 다른 무덤을 팠는데, 그때 나오는 유골은 주위 회랑에 쌓아두었다. 회랑은 납골당 역할을 하고 있었던 것이다(<그림 9> 참조). 교회 건물의 안이냐 밖이냐, 성자의 묘나 성 유물에 가까운가 하는 것에 대한 고집이 있기는 했지만, 기본적으로 유체가 교회의 성스러운 부지 내에 있으면 되었고, 발굴되거나 옮겨져서 유골의 정확한 안치 장소 등을 모르게 되더라도 상관이 없었다. 사람들은 교회라는 공동체 안에서 익명화되고 모이고 어울려서 다른 세계를 향했던 것이다. 그리고 이러한 묘지는 죽은 자만이 아니라 산 자를 위한 집회장이나 '산책과 만남, 오락의 장소'로서도 사용되고 있었다. 묘지는 상설시장과 정기시장이 서는 자리이며, 춤을 추거나 노는 장소, 사랑하는 사람들의 밀회 장소이기도 했다. 물론 묘지에서 유골이 땅 위에 나타나고 악취가 나기도 했지만 그다지 신경을 쓰지도 않았다. 사람들은 죽은 자에게 그리고 죽음에 익숙해져 있었다고 아리에스는 말한다.

〈그림 8〉 이노상 묘지의 전경(1552년, 파리, 국립도서관)

출처: フィリップ アリエス, 『死を前にした人間』, 成瀬駒男訳, みすず書房, 1990.

〈그림 9〉 이노상 묘지의 회랑 납골 장소(15세기, 파리, 국립도서관)

출처: フィリップ アリエス, 『死を前にした人間』, 成瀬駒男訳, みすず書房, 1990.

이상과 같은 아리에스의 논의, 그리고 고러의 논의에서 (분명하게 말했다고는 할 수 없지만) 논의의 전체적인 방향성에 있어서 현대사회의 죽음 양상에 대한 비판적인 시선을 느낄 수 있다. 이러한 시선은 그들의 논의에 내재하는 전통적인 공동성에 대한 향수적인 회귀 희망에 따라 생겨났다고 해도 좋을 것이다. 공유된 신앙을 기반으로 하고 혹은 혈연·지연에 의해 연결된 공동체가 죽음을 따뜻하게 맞아주고, 죽는 자는 평안하게 죽어가고 사별의 슬픔은 공유되고 위안되는 등의 이미지가 양자의 논의에서 느낄 수 있다. 이러한 '죽음을 수용하는 공동성'의 이미지를 기반으로 죽음이 터부화된 현대사회, 몸에 죽음의 징조를 띠는 죽어가는 자나 사별자가 '혼자서' 죽고 슬퍼하는 상황이 비판적으로 인식되는 것이다.

고러나 아리에스의 이러한 논조에 대해 종래에는 많은 비판이 쏟아졌었다. 제3장에서 살펴본 것처럼, 엘리아스는 아리에스의 논의를 '좋은 옛날, 나쁜 현재'라는 악인과 선인 식의 묘사라고 비판했다. 엘리아스의 말에 따르면, 중세의 경우는 폭력이나 전염병으로 갑자기 죽음이 닥쳐오는 위험성이 현재보다도 훨씬 높았고, 죽음에 이르는 고통을 의학적으로 제어하는 것도 여의치 않았다. 죽어가는 사람의 곁에는 확실히 많은 사람들이 있었는지 모르겠지만 그들은 죽어가는 자를 비웃거나 욕하고 있었는지도 모른다. 그런데 엘리아스는 또 과거의 경우, 죽어가는 자의 죽음을 다른 사람이 함께 하면서 거기에 관여하는 정도는 현재보다 확실히 컸다고 말하고 있다. 물론 죽어가는 자에게 평안한 죽음이었다고 느끼는 경우가 있었다면 본의 아닌 죽음이라고 느끼는 경우도 있었을 것이다. 죽어가는 자가 마침 그 자리에 있는 타자와의 관계를 따뜻하게 느끼는 경우가 있었다면 냉혹하게 느끼는 경우도 있었을 것이다. 어느 쪽이든 거기에서는 몸에 죽음의 징조를 띠는 자와의 관계성 자체가 유지되고 있었다. 이에 비해 현재의 경우는 그 관계성 자체가 기피될 정도로 커지고 때로는 엘리아스가 말한 '죽어가는 자의 고독'이라는 사태를 초래하고 있다. 앞장에서 살펴본 '죽음의 터부화'라는 인식의 핵심도 이 관계성 자체의 기피라는 지적에 있었다. 확실히 이러한 지적은 과거의 죽음 형태에 의거해서 현재를 비판하는 것이 된다. 그러나 적어도 과거의 죽음 형태를 미화하거나 이상화하는 것은 아니다.

죽음을 둘러싼 공동성, 관계성이라는 논점에 대해서는 몇 가지의 고찰을 통해 이번 장의 마지막 부분에서 되돌아보도록 하겠다.

2. 위험으로서의 죽음

앞에서는 아리에스가 말하는, '길들여진 죽음'으로부터 '터부시된 죽음'으로 라는 죽음 이미지의 역사적 변화에 대해 말했다. 더 자세히 말하자면, 아리에스의 도식에서 이 두 개의 이미지 사이에는 시대순으로 '나의 죽음', '멀고 가까운 죽음', '너의 죽음'이라는 이미지가 기본적으로 존재한다. '나의 죽음'이란 중세 중기 이후의 이미지이고 '자신의 죽음'이지만, 근대사회의 죽음을 둘러싼 '자기결정'과는 매우 다르다. '나의 죽음'이란 기본적으로 종교적인 공동성은 유지되지만, 그 공동성의 틀 내에서 개개인의 죽음의 개별성에 대한 관심이 보이게 되는 상황을 가리킨다. 이것은 교회에 기부를 하고 자신을 위한 미사를 집행해달라고 유언하거나, 장례 행렬이 만족스럽게 이뤄지도록 유언을 하거나 묘소에 자신의 일을 기술한 묘비나 초상을 세우는 등의 일이다. 어떤 것이든 여기에서 말하는 '나의 죽음'은 '죽음을 수용하는 공동성'을 전제로 한다.

그에 비해, 16세기 이후 '길들여져 있던' 죽음은 아리에스의 표현을 빌리자면, 서서히 '야성화'되기 시작한다. 즉, 죽음은 폭력적으로 사람을 두렵게 만드는 것으로 된다. 이것은 '죽음을 수용하는 공동성'이 해체되어 가는 과정, 이 책에서 이미 언급한 것과 연관지어 보면, '죽음의 의미상실', '성스러운 천개'의 해체라는 과정과 연동하여 생겨나는 현상이다. 그리고 이러한 과정이 진전되면서 함께 나타나는 것이 아리에스가 말하는 '멀고 가까운 죽음'이라는 이미지이다. 이것은 죽음이 일상적으로 친숙하지 않게 되고 오히려 일상생활의 배후에 숨어 있는 '허무'에 대한 예감이라는 형태로 감지된다는 것을 나타낸다. "아직 생명이 있는 모든 것 속에 죽음이 숨어 있다."[2] "중세에서 죽음은 외부에서 왔지만, 여기에서는 사물의 덧없고 허무한 존재 가운데 녹아든다."[3] 죽음은 '가까운' 곳, 여기저기에 숨어 있지만 명확하게 파악하기 어렵고 정체를 알 수 없는 기분 나쁜 것이 된다. 그렇더라도 평소의 일상생활 속에서 이러한 죽음이 직시되는 일은 없다. 그 존재의 예감이 사람들의 이미지를 불러내고 상상력의 세계라는 '먼' 세계 속에서, 예를 들면 '해골 그림'(방 안 등 일상생활의 별일 없는 광경 속에 해골을 놓은 도상)이나 '죽음과 처녀'의 모티브(생명력의 상징이라고 할 수 있는 젊은 여성이 사신에 안겨

있는 도상)와 같은 모습을 나타낸다. 아리에스의 도식에서는 19세기 이후, 죽음은 친한 자와 헤어져 견디기 힘든 격정을 동반하는, 즉 '너의 죽음'으로서 현현하고, 20세기에는 터부시되는 것으로 된다. 이미 앞의 장에서 살펴봤듯이, 20세기 후반 이후에 죽음의 터부화는 지속되면서도 정보화된 죽음이 계속해서 소비되는 상황이 나타나고 있다고 한다면, 그 상황은 오히려 지금 말하는 '멀고 가까운 죽음' 이미지에 따라 접근하고 있다는 견해도 있을 수 있을 것이다.

일상생활의 배후에 숨어 있는 정체를 알 수 없는 허무로서의 죽음이라는 이미지와 현대의 '위험(risk) 사회론'에서 말하는 '리스크'를 유비적으로 파악할 수도 있다. '위험 사회론'의 주창자인 울리히 벡(Ulrich Beck)은 근대화 과정 그 자체가 내부에서 방사능, 물·공기·식물에 함유된 유해물질, 지구온난화 등 여러 가지 리스크를 생산하고 있다고 하는 사태를 '위험 사회'라는 말로 표현했다.[4] 현대사회에서의 리스크에 대해 벡이 거론하고 있는 특징은 예전의 빈곤이나 기아의 위기와 달리, 전문가의 지적 등이 없는 한 일상생활에서는 감지하기 어렵다는 것이다. 또 빈곤이나 기아가 특정 층에 집중해서 일어나는 위기인 것에 비해, 현재의 리스크는 국경이나 세대를 넘어서, 또 인간 이외의 동식물이나 자연환경에까지 모든 존재에 두루 미치는 경향이 강하다. 더구나 리스크의 책임 소재를 특정하기 어렵다는 점도 있다. 많은 문제에서 리스크는 다수의 개인·집단의 활동이 복잡하게 서로 겹치면서 생겨나고 있고, 극단적으로 말하자면 그 책임은 모든 사람에게 있다고 할 수 있겠지만, 이 말은 반대로 책임이 아무에게도 없는 것으로 되어버리는 것도 불가능하지 않다.

이 책의 관점이라면, 이러한 리스크가 바로 리스크로 경계되는 것은 그것이 최종적으로는 사람들의 죽음으로 연결될 가능성을 갖기 때문이다. 다시 말하자면, 리스크에 대해 안고 있는 두려움의 원천에는 죽음에 대한 두려움이 있다고 할 수 있다. 죽음 자체 또한 현대에서는 감지하기 어려운 것으로 있다. 예를 들면, 여러 가지 신체적 징후 가운데 어느 것이 최종적으로 죽음과 연결될 가능성이 있는지, 의사 등 전문가의 진단을 기다리지 않으면, 많은 경우에 사람들은 판단할 수 없고 원래 그러한 징후 자체에 눈치채지 못하는 경우도 적지 않다. 또 이렇게 감지하기 어려운데도 불구하고 죽음은 가난하든 부유하든 모든 인간이 피할 수 없는 운명으로서 기다리고 있다. 그리고 타살이나 과실치사가 있기는 하지만, 최종적으로 우리가 어떤 형태로든지 죽지 않으면 안 된다고 하는 것에 대한 책임을 누군가에게 귀결시킬 수는 없는 것이다. 이러한 죽음에 대한 두려움이 원천으로 되어 그것과 통할 수 있는 여러 가지 리스크에 대한 불안이 양성되고 있다고 볼 수 있다.

어느 쪽이든 일상생활의 배후에 숨어 있는 정체를 알 수 없는 허무로서의 죽음은 사람들에게 불안감을 불러일으킨다. 그리고 이러한 불안을 넘기기 위해 사람들은 제1장에서 베버나 뒤르켐이 논했던 것처럼, 제한없는 합리적 정서나 욕구의 추구로 향하거나, 제4장에서 바우만이 논했던 것처럼 '치사의 탈구축' 전략에 있어서 제한 없는 신체·건강관리로 향하거나, '불사의 탈구축' 전략에서 끊임없이 변화해가는 정보나 상품에 몸을 맡기곤 한다. 이와 같이 일상생활에서 죽음은 각자에게 죽음이 찾아오는 순간까지 지나가도록 놔두면서 또 다른 한편 실제로 발생한 죽음은 의료진 등 '전문가'의 손을 통해 과학적으로 또는 상업적으로 처리된다. 그러나 이러한 전문가에 의한 죽음의 관리가 때로는 몰개성적이고 비인격적인, 즉 컨베이어 시스템과 같이 되어버리기도 한다. 그리고 이러한 경향에 대한 반발로 생겨난 것이 제2장이나 제4장에서 언급했듯이, 죽음을 둘러싼 '자기결정'이라는 사고방식이다. 자신의 인생이니까 그 최후의 시간이나 그 후의 일도 '관리'된다는 것이 아니라 자신이 만족할 수 있도록 자신다운 형태로 자기결정을 하고 싶다는 요청인 것이다.

이러한 동향은 '관리' 대 '자기결정'이라는 정통적인 대립의 도식으로 정리할 수 있을 것처럼 보인다. 그러나, 이러한 관리화와 개인화라는 두 경향은 경우에 따라 상보적이다.

'죽음을 수용하는 공동체'로 인해 부여되어 있던 의미를 잃게 된 후, 그것을 대신할 죽음의 관리화라는 흐름 속에서 새로운 죽음의 의미가 창출될 일은 없다. 죽음의 관리화는 죽음을 여러 형태로 제어할지라도 죽음에 근본적인 의미부여를 하는 것은 아니다. 앞에서 살펴봤던 벡은 국경이나 세대를 넘어 넓어지는 현대의 리스크가 실은 '통제 불가능한 리스크'라고 말하고 있다. 벡은 "리스크 사회에 숨겨진 중심적인 문제는 통제 불가능한 것에 대한 조절을 어떻게 적당히 만들어내는가에 있다"라고도 말하고 있다.[5] 죽음 또한 실제상 통제 불가능한 것이다. 제4장에서 바우만이 말했듯이, 죽음의 '여러 원인'을 통제할 수는 있어도 죽음 자체는 통제 가능한 범위를 넘어선 곳에 있다. 이 의미에서 기덴즈가 말하고 있듯이, 전문가 시스템(추상적 시스템)에 준거한 관리체제는 정례화되어, 예측·계산 가능한 매일의 활동을 통해 내일 역시 오늘과 같이 있다고 하는 존재론적 안심감을 조달해주기는 하지만, 루틴에서 벗어난 죽음 그 자체를 눈앞에 대할 때는 그 취약성을 드러낼 수밖에 없게 된다.[6]

결국, 이러한 관리 체제하에서 여전히 죽음의 의미부여가 요구된다면, 그것은 개개인이 각각의 방법으로 구할 수밖에 없는 것이 된다. 이 관리 체제하에서 죽음의 의미부여라는 과제는 개개인에게 위탁되어 있다고 말할 수 있을 것이다. 개개인의 의미부여가 관리화라는 지향성에 입각한 형태로 실시되는 경우, '자기결정'은 '관리'와 대립하는 것이 아니라 오히려 '관리'를 보완하는 것으로 된다. 이 경우 '자기결정'은 '관리'를 보다 완전한 것으로 만드는 데 도움이 될 것이다. 그리고 삶이나 죽음의 의미라는 곤란한 문제에 조금이라고 관련되는 사항들이 모두 개인의 자기결정에 맡겨진다면, 그러한 사항과 관련된 권리상의 책임 또한 모두 개인에게 전가될 것이다. 이 점에 대해서는 제3, 4절에서 생각해보도록 하자.

3. 죽음을 결정하는 공동성

죽음을 둘러싼 '자기결정'이라는 사고방식은 일단 개인의 자유를 가능한 한 존중하려는 것이라고 생각할 수 있겠다. 그러나 그것은 주위의 타자나 상황을 완전히 무시하고 마음대로 해버리는 것이 아니다. 자유롭게 자기결정을 한다고 해도 그것은 대부분 타자와의 관계 속에서 진행된다. 그 결과로서 실제 구체적으로 이뤄지는 자기결정에 여러 가지 차원에 있어서 공동성의 각인이 새겨지게 된다. '공동성'이란 것과 대립하는 것이라고 얼핏 생각되는 '자기결정' 또한 그 구체적인 실현형태에 있어서는 때로 '죽음을 결정하는 공동성'을 의도적으로든 비의도적으로든 생기게 한다고 단적으로 말할 수 있다.

죽음을 둘러싼 자기결정이라는 사고방식이 죽음의 공동성을 생기게 한다는 유사한 현상에 대해서는 이 책에서도 지금까지 여러 차원에서 여러 번 언급했었다. 예를 들면, 제2장에서 퍼슨스나 의미학파의 논의를 실마리로 본 자기결정이 미국적인 '용인되는 죽음의 형태'로 포섭되어 가는 현상, 또 제4장에서는 레이트모던의 죽음으로서 본 개인의 자유를 존중하는 케어가 '세련된 관리'와 결부되는 과정(이것에 대해서는 다음 절에서 자세히 검토한다), 그리고 제4장이나 제6장에서 살펴본 정보·소비 공간에서 죽음이나 사별을 둘러싼 '자신다움'을 구하는 사람들이 생겨나도록 하는 외투 보관실 공동체나 상상의 공동체 등이다.

이상과 같은 공동성은, 결과적으로 아리에스나 고러가 그리워하며 회고하는 듯한 과거의 공동체를 대체하는 역할을 하고 있다고 볼 수 있다. 죽음이나 사별에 직면하는 사람들이 특정의 죽음이나 사별의 이야기를 구하는 것, 그리고 그것에 결과로서 죽음의 공동성이 생겨난다는 것 자체를 전면적으로 부정할 수는 없다. 다만 주의할 점은 이러한 죽음의 공동성이 생겨난다는 것은 동시에 그 공동성에 동화될 수 없는 것을 배제하는 경향도 의도와 관계없이 똑같이 생겨나게 한다는 것이다. 그리고 이러한 현상은 '자기결정'이나 '자신다움'

을 존중하려고 하는 움직임에 있어서도 마찬가지이다.

예를 들면, '죽음의 자기결정'이라는 사고방식을 가장 단적으로 체험하는 안락사에 대해 생각해보자. 안락사는 기본적으로는 죽음의 시기에 가까워진 개인을 본인의 의지에 근거해서 육체적·정신적인 고통으로부터 해방시킬 목적으로 죽음에 이르게 하는 조치이다. 안락사 가운데 주사·복약 등의 수단을 이용해서 적극적으로 목숨을 끊는 적극적 안락사에 대해서는 네덜란드, 벨기에 그리고 미국의 오레곤주 등 일부 지역을 제외하고는 세계적으로도 법적으로 승인된 곳이 적다. 한편, 연명치료를 중지하고(인공호흡기 제거나 영양·수분의 보급정지까지 포함하는 경우도 있다), 생명의 빛이 꺼지기를 기다리는 소극적 안락사는 미국에서도 모든 주에서 그 권리가 법적으로 승인되어 있고, 일본에서도 (일본에서 소극적 안락사는 존엄사라고도 한다) 현시점에서 법제화가 되지는 않았지만, 사회적으로 인식이 향상되는 상황에 있다고 말할 수 있을 것이다.

안락사는 말 그대로 스스로 자신의 죽음을 결정하는 조치이다. 타인이 그것을 강제하지 않으며, 있다고 하면 그것은 경우에 따라 살인이 된다. 그러나 안락사라는 하나의 죽음 형태가 '좋은 죽음'이라고 간주되고, 같은 이야기를 공유하는 공동성이 정보공간에서 생겨나면 결과적으로 그것에 맞지 않는 죽음을 '좋지 않은=나쁜 죽음'으로 인지하는 경향이 동시에 생겨나게 될 것이다. 예를 들면, 식물상태나 치매상태로 안락사를 선택하는 것이 자신을 관리할 수 있는 떳떳하면서 깨끗하게 살아가는 방식=죽는 법이라는 것으로 되어간다면, 식물상태나 치매상태에서 계속 살아있는 자는 타인에게 폐를 끼치는, 미련이 있고 깨끗하게 놓지 못하는 생의 방식=죽는 법으로 간주될 것이다. 또 이런 자를 케어하는 자도 쓸데없는 일을 하고 있다고 간주되는 것처럼 분위기가 사회적으로 조성되지 않을까 하는 점이다.[7] 물론 이러한 경우라고 해도, 안락사를 원치 않는 사람에게 안락사를 강요하는, 예전에 나치스가 취했던 것과 같은 조치가 이뤄지는 것은 아니라는 반론이 있을 수도 있다. 그러나 하나의 '죽음 이야기'로 사람들을 포섭하고 동화시키려고 하는 움직임은 필연적으로 그것에 맞지 않는 것을 배제하는 흐름을 의도하지 않더라도, 또 어떤 악의가 없더라도, 사회 안에서 생겨나게 한다. 그리고 그러한 흐름은 때로 배제되는 자에 대한 압력, 바꿔서 말하면 '우리의 좋은 죽음'을 스스로 선택하도록 하는 압력으로 변할 수 있다는 것이다.

4. 단계론

죽음을 둘러싼 자기결정이라는 사고방식이 죽음의 공동성을 생겨나게 한다는 움직임과 관련해서 또 하나, 죽음이나 사별의 수용에 관한 단계론적 인식방법에 대해 생각해보자. 제4장에서도 언급했지만, 이러한 인식방법에는 퀴블러 로스(Kübler Ross)가 제시한 임종자의 5단계 심리과정 이론(부정→분노→흥정→우울→수용)이나[8] 파크스(Parkes)가 제시한 사별의 비탄을 둘러싼 4단계의 심리적 프로세스 이론(마음의 마비→절망→곤란과 절망→회복)이 있다.[9] 제6장에서도 워든이 제시한 사별자가 노력해서 달성해야 하는 것으로 4

가지 비애의 과제를 살펴봤다.[10] 제2장에서 살펴본 내용이지만, 미국에서 '도구적 활동주의'라는 가치 시스템에 관한 파슨스의 이론이 있다. 이것은 죽음이나 사별이라는 일을 단계를 따라 극복해가는 것으로서 혹은 극복해야 할 과제로서 인식한다는 이러한 사고방식 자체, 이런 가치 시스템에 입각해서 미국적인 인식방법이라고 부를 수 있다. 이것은 통과해야 하는 단계나 과제로 인식되면서, 죽음이나 사별이라는 것은 단순히 수동적으로 받아들여야 하는 것이 아니라 능동적으로 통제할 수 있는 것으로 이해하게 된다. 그리고 여러 가지 난관에 직면하고 이러한 단계를 계속해서 돌파하고 나면, 비로소 평온한 죽음이나 사별의 수용에 이를 수 있게 된다.

단계론적 인식방법은 실제로 죽음이나 사별에 직면하는 사람들에게도 하나의 지침을 제공할 수 있다. 알 수 없는 불안이나 분노, 절망 등 감정의 파도에 휩쓸리고 앞으로 자신이 어떻게 될지 모르는 상황에서 단계론적 인식방법은 하나의 길을 제시하는 것이 될 수 있다. 또 죽어가는 자나 사별한 자를 둘러싼 주위 사람들에게도 단계론적 인식방법은 죽음이나 사별로 인한 마음의 움직임에 다가서기 위한 지침이 될 수 있다. 다만 이러한 인식방법이 지침으로서가 아니라, '좋은 죽음', '좋은 사별'의 모습을 제시히는 것으로 이해된다면, 여기에도 그 공동성을 둘러싼 동화되는 경향과 배제되는 경향이 생성될 것이다. 퀴블러 로스의 논의를 통해 이 점에 대해 더 검토해보자.

1969년 발간된 『죽음과 죽어감』(On Death and Dying)에서 퀴블러 로스는 당시 소속되어 있던 시카고대학 빌링스(Billings)병원에서 말기환자 약 200명에 대한 인터뷰를 토대로 죽어가는 사람에게서 발견되는 5단계의 심리과정을 정형화했다. 퀴블러 로스의 의도는 죽어가는 사람을 격려하는 것과 같은 태도를 취하자는 것이 아니라 각 단계에 있는 환자의 심리를 그대로 받아들이고 그것에 다가서려는 필요성을 말하려는 데 있었다. 미국의 사회학자 데이빗 W. 마우러(David W. Maurer)의 말을 빌리면, 이 정형화는 "일반적인 미국민이 갖는 표준적인 죽음의 이미지"가 되었다.[11] 치명적인 질환이라고 고지받고서 처음에는 충격을 받아 '부인'이나 '분노'의 태도를 보였던 환자가 '거래', '우울'의 단계를 거쳐 최종적으로는 평온하게 자신의 '죽음 수용'에 이른다는 이미지는 암의 고지나 종말기 의료를 둘러싼 일반적인 논의만이 아니라 실제 의료현장이나 호스피스 활동 방식 가운데 분명하게 언급되어 있지 않은데도 불구하고 깊이 침투되어 있다.

퀴블러 로스의 정형화에 대해 일본에서는 개인적으로 위화감을 표명하는 경우는 있었지만 비판하는 경우는 별로 없었다. 오히려 영국과 미국에서 많은 비판이 있었다. 여기에서는 사회학자의 대표적인 비판 몇 가지를 언급하겠다. 캐시 샬마스(Kathy Charmaz) 등에 따르면, 본래 환자의 심리를 '기술'한 것이어야 했던 5단계의 도식이 독립적으로, 환자에 대한 '지시'로서 기능하고 환자를 심리적으로 강요하는 경향이 있다는 것이다. 이 도식이 사용되는 사회적 맥락이라는 관점에서 보면, 5단계 도식은 환자가 자신의 심리를 주체적으로 조절하는 하는 것을 가리키고 환자의 협력을 촉구하여 결과적으로 병동의 평정을 유지하기 위한 환자 관리의 전략으로 기능하고 있다.[12] 또 월터에 따르면, 본래 한 명 한 명의 환자가 마음에 안고 있는 개성적인 이야기를 이해하기 위한 기준이었던 도식이 '보편적인 메타이야기'로서 기능하고 있다는 것이다. 다시 말하자면, 이 도식에 따라 환자의 심리가 '이해'되어버리면, 환자 개개인의 이야기에 정성껏 귀를 기울일 필요가 없어지게 된다. 예를 들면, 환자가 화를 내고 있어도 그것을 '분노'라는 심리상태 때문이라고 해버리면 의료체제에 대한 불만으로 그것을 받아들일 필요도 없게 된다.[13] 나아가 마우러에 따르면, 5단계 도식은 '죽음의 수용'을 유일한 목적지로 하고, '좋은 죽음'을 획일적으로 정의함으로써 본래 다원적이어야 하는 죽음의 형태를 억압하는 결과를 초래하고 있다는 것이다. 즉, 신앙의 유무·연령·성·민족성·가족구조 등에 따라 생기는 차이가 결과적으로 '좋은 죽음'으로부터의 일탈 혹은 개인의 심리적 능력의 충분하지 못함에 기인한다고 간주되어 버린다.[14]

이들의 비판에서 공통하는 점은 퀴블러 로스의 논의가 얼핏 보면 병원의 비인간적인 관리 방법을 비판하고 환자 개인의 주체성을 존중하는 것처럼 보이지만, 실은 환자를 일정한 틀에 박아버리는 또 하나의 보편적인 이야기로서 기능하고 있는 것은 아닌가 하는 논점인 것이다. 확실히 퀴블러 로스 자신도 자신의 5단계 이론이 경직된 도식으로 사용되는 것에는 비판적이었다. 그러나 죽어가는 과정을 자기성장·자기실현의 과정인 것으로 파악하고, 죽음의 수용을 그 성취이고 바람직한 것으로 파악하는 관점이 그녀 자신의 사고방식 속에 있었던 것은 틀림없다.

평온한 죽음의 수용이라는 방향으로 죽어간다는 것 자체가 여기에서 비판되고 있는 것은 아니다. 여기에서 비판의 핵심은 5단계 도식도 하나의 '죽음 이야기'에 불과하다는 것이고, 따라서 보편적인 구속력을 가지는 것으로서 모든 사람에게 강제되어야 하는 것은 아니라는 점이다. 왜냐하면, 이러한 강제력, 즉 공동성으로 동화하는 힘이 작용함으로써 수용의 단계로까지 도달하지 못하고 도중에 멈춘 자의 죽음은 '성장하지 못한', '성숙하지 못한', '실패한' 죽음으로 이해될 것이기 때문이다.

5. 동화와 배제의 구조

지금까지 논의된 내용을 간단히 되돌아보자. '죽음의 터부화'가 진행되고 일상생활의 무대 뒤로 죽음이 은폐됨과 동시에 '죽음의 관리화'가 이뤄지고, 실제의 죽음은 전문가의 손을 통해 조용히 처리되는 사회, 이러한 '죽음의 터부화'와 '죽음의 관리화'라는 두 과정이 동시에 진행되는 사회라는 이미지에 대해 다음과 같이 두 방향에서 비판할 수 있다. ① '죽음의 터부화'라는 인식에 대한 점이다. 죽음을 터부시하는 일이 없이, 타자의 죽음이나 사별이 공유되었던 과거의 전통적인 공동체를 그리워하며 회고하는 언설로 대치된다. ② '죽음의 관리화'라는 인식에 대한 점이다. 관리되는 가운데 몰개성적으로 처리되는 것이 아니라, 개인의 자기결정, 자신다움, 개인의 자유로운 감정 표출이라는 것들을 존중하는 언설로 대치된다.

이번 장에서 논의해온 것은 ①과 ②. 즉 공동체를 강조하는 논의와 또 한편으로는 개별화·개인화를 강조하는 논의가 얼핏 보면 전혀 반대 방향으로 진행되는 논의로 보이지만, 실은 같은 어떤 공동성을 상기시키는 또는 생겨나도록 하는 것은 아닌가 하는 점이다. ①의 경우는 전통적인 '죽음을 수용하는 공동성'이고, ②의 경우는 근대적인 '죽음을 결정한 공동성'이다. 여기에는 마찬가지로 '좋은 죽음'의 이미지를 '우리의 죽음'으로서 공유하고, 함께 죽음으로 향하는 공동성이 그 강도에 있어서는 차이가 있더라도 상기되거나 생겨난다고 말할 수 있다. 그리고 이러한 공동성이 생겨나는 것에는 특정 담당자의 의도가 존재하는지에 관계없이 '동화와 배제의 구조'가 결과적으로 나타나는, 즉 어떤 자를 공동성에 동화·흡수함과 동시에 어떤 자를 선별·배제한다고 하는 반대 관계에 있는 효과가 나타난다는 것을 말해왔다.

죽음으로 인한 '동화와 배제의 구조'라는 현상이 가장 대규모적이고 두드러진 형태로 생겨나는 것은 아마 전쟁이라는 사태일 것이다. 일본에서도 예전에 전쟁에 직면해서 "나라를 위해 죽는다", "옥이 깨지듯 아름답게 전사한다"(一億總玉碎)와 같은 형태로 죽음의 공동성이 이야기됨과 동시에 거기에 동화되지 않는 자는 '비국민'으로 배제되었다. 이러한 사태를 둘러싼 여러 사회학적 논의를 참고해보자. 1970년대 전반에 사회학자 이노우에 슌(井上俊)은 전쟁 체험이 전혀 없는 당시 일본의 청년들 사이에서 '죽는 보람'이 상실되고 있다고 논했었다.[15] 이노우에가 말한 '죽는 보람'이라는 것은 자신의 죽음을 납득하여 수용할 수 있도록 사람이 죽음에서 찾아내는 의미인 '죽음의 의미부여'를 말한다. 이노우에가 말하는 "죽는 보람의 상실"이란 죽음을 의미짓는 것에 무관심하거나 그것을 거절함으로써 결과적으로 죽음을 부정하는 경향, 이 책에서 말해왔던 표현으로 말하자면, 죽음의 터부화라는 경향이다. 반대로 제2차 대전 때, 일본사회에서는 죽음의 의미부여를 구성원에게 제공하는 사회적인 메커니즘, "죽는 보람을 부여하는 시스템"이 고도로 발달해 있었다고 이노우에는 말한다. 죽음의 가능성과 함께하는 전쟁으로 사람들을 효과적으로 동원한다는 국가의 입장으로부터 '정신적 동원 요청'이 있는 반면에, 또 다른 한편에서는 그렇게 강제적으로 동원되는 사람들의 입장에서 자신의 죽음을 납득할 수 있는 '죽음의 의미를 부여하는 요구'가 있다. 이러한 요청·요구를 충족하고 사람들에게 죽음을 수용하도록 하는 것이 "죽는 보람을 부여하는 시스템"이다. 이노우에가 말한 이러한 "죽는 보람을 부여하는 시스템" 하에서 국가 규모의 '죽음의 공동성'이 형성되었다고 말해도 좋을 것이다.

그런데 여기에서 말하는 국가 쪽의 요청과 사람들 쪽의 의미부여 요구 사이에 존재하는 '어긋남', 다시 말하자면, "죽는 보람을 부여하는 시스템"의 내부에 생기는 틈에 대해서는 문제를 제기하고 싶다. 사회학자인 모리오카 키요미(森岡清美)는 제2차 대전 때 일본에서 '결사'를 각오할 수밖에 없었던 청년 전몰자의 유서나 수기들을 '포개서 보여주는 것'을 통해, 그들이 가까운 장래에 있을 자신들의 전사에 어떤 의미를 부여하고 있었는지 분석하였다.[16] 그러한 의미부여로서 먼저 거론된 것은 "천황을 위해, 나라를 위해" 죽는다는 것이었다. '황국호지'(皇國護持), '신주불멸'(神州不滅), '유구한 대의'(大義) 등의 말은 일종의 '성스러운 문구'로서 '칭명(稱名) 효과'를 갖고 있어서, 이러한 말이 가리키는 내용을 완전히 믿고 있지는 않았다고 해도, "이 성스러운 문구를 부르면 칭명 효과가 작용하여 죽음의 공포가 완화되었던 것은 아닐까?"라고 모리오카는 말한다. 또 젊은데 효도도 하지 못하고 죽어간다는 불효 또한 천황이나 국가에 충성을 맹세하고 전사하는 것으로 보상된다는 '충효일본'(忠孝一本)이라는 말도 즐겨 사용되었다.[17] 이 책의 맥락에서 본다면, 이러한 말을 중심축으로 하는 신념을 공유하며, 함께 죽음으로 향하는 공동성, 즉 '죽음으로의 공동성'이 그곳에 형성되어 있다고 말할 수 있을 것이다.

그런데 이상과 같은 형태로 자신의 전사에 의미부여가 이뤄졌다고 해도, 청년들이 지녔던 살아서 돌아가고 싶다는 원망, 더 살고 싶다는 충동은 억제할 수 없는 것이 아니었을까 하고 모리오카는 논하고 있다. 그는 이러한 원망이나 충동을 넘겨 보낼 수 힘이 있는 것이 '함께 죽는 동지', 즉 "'너와 나'라는 말에 집약된 견고한 동료의식"을 기초로 하는 '동행'의 존재라고 말한다. 모리오카는 이러한 동지, 동행자를 미국 문화인류학자인 데이빗 W 플라스(David W. Plath)의 말을 빌려서, "죽음의 호송대(동행자)"라고 부른다.[18] 주목하고 싶은 점은 모리오카가 여기서 말하는 '죽음의 호송대'를 앞에서 말한 것과 같은 뜻으로 '죽음의 공동성'을 형성하는 것으로 간주하고 있지는 않다는 점이다. 죽음의 호송대는 생환의 원망이나 생에 대한 충동을 처리하는 것, 죽음에 대한 공포를 극복하도록 돕는 것과 같은 것이 아니다. 예를 들어, 특공대에 관해서 말하자면, "생환의 희망이 없는 임무 수행을 명받은 특공대원에게 내면의 엄청난 갈등과 죽음의 공포에 똑바로 대처하며 대결하는 것 등은 거의 불가능에 가까운 일이었다."[19] 오히려 "서로 건들지 않기" 위해, 또 "자신을 적당히 속인 체"하는 데에 죽음의 호송대는 도움이 되었다. 죽음의 호송대는 사실 대처하고 대결을 회피하는 데 도움이 되었던 것이다. 따라서 모리오카가 말하는 죽음의 호송대에 대해 청년들은 갈등이나 원망, 공포를 공유하고 있었던 것이 아니다. 오히려 그러한 갈등이나 공포를 서로 또는 자신이 직시할 수 없었기 때문에 또는 할 수 없었는데도 불구하고 형성되었던 것이 죽음의 동행자인 죽음의 호송대였다.

모리오카는 더 나아가 앞에서 본 황국호지, 유구한 대의, 충효일본과 같은 말이 결국 국민사회라는 거시차원으로 형성된 '이데올로기', '슬로건', '명분'에 불과한 것이었다고 논한다. 그것들은 "전시천황제국가의 도그마로 창작되고 교육이나 매스미디어를 통해 침투되도록 기획된 관념이었다."[20] 모리오카는 유서나 일기 등에서 이러한 '명분'을 따라 쓰는 일이 실제로 많았다고 해도, "표현 속 깊은 곳에 숨 쉬고 있는 그대로의 마음"인 "본심으로 전사에 대한 의미부여"는 어떤 것이었는지를 묻는다.[21] 전쟁 말기에 패전은 누가 보더라도 부정할 수 없게 되었고 그 슬로건은 힘을 잃어 가는 상황이 되면서, 어떤 형태로 자신의 전사에 의미부여가 이뤄졌는가 하는 물음이 문제가 된다. 모리오카에 따르면, 그것은 "아름다운 국토와 그곳에 사는 부모나 형제, 그리고 친구, 동포 특히 어린이들을 위해서"라는 알기 쉬운 죽음의 의미부여였다.[22] "'대의라는 죽음에 보람이 없어져도, 가장 친한 사람들을 지키기 위해서'라는 의미부여는 매우 이해하기 쉽고 또 가장 꿋꿋하게 죽는 보람이었다."[23] 물론 여기에서 모리오카가 말하는 '알기 쉬운' 죽는 보람을 전쟁으로 정신적 동원이라고 하는 것과 결부시키고, 그곳으로 흡수시켜 가는 장치야말로 '충효일본'이라는 개념 혹은 '가족국가관'(일본은 천황을 종가로 하는 일대가족국가(一大家族國家)라고 단정하고, 부모에 대한 경애의 정과 천황에 대한 숭경의 마음을 중합시키는 사고방식)에 제시된 것과 같은 당시의 "죽는 보람을 부여하는 시스템"이었다는 견해도 가능할 것이다. 이렇게 본다면, 모리오카가 말하는 죽음의 의미부여도 국가 쪽에서 준비한 죽는 보람을 부여하는 시스템에 편입되는 것으로 된다. 그런데 여기에서는 오히려 모리오카가 "전시천황제국가의 도그마로서 창조된 관념군"과 사람들의 생활 속에서 생성되어온 "알기 쉬운 관념군" 사이에 생겨나던 '어긋남'을 두드러지게 하려고 한다는 점에 주의할 필요가 있겠다. 즉, "국가라는 공동체를 위해 함께 죽는다는 국가에서 주어진 '죽는 보람'에 대한 위화감을 적잖이 (특히 전쟁 상황이 악화될수록) 느끼고 있었던 것은 아닐까?" 그리고 "이 위화감은 생과 사의 경계를 두더라도 계속 존속해갈 것이며, 가장 친한 자와의 연결을 유지해주는 것으로서, 넘어갈 수밖에 없지 않았을까"라고 파악하는 것이다.

마지막에 말한 것과 관련해서, 모리오카는 앞에서 살펴봤던 '죽음의 호송대'와 짝이 되는 '생과 사의 호송대'라는 개념을 제시한다. "죽음의 호송대는 죽음의 동행자이지만, 생과 사의 호송대는 죽든 살든 함께 하는 동지라고 규정해두자. 전자는 지금 생활과 운명을 함께하는 것이 요건인데 비해, 후자는 과거에 장기간 생활과 운명을 함께한 것이 요건이고 실제 생활을 함께하지 않아도 관계 없다. 여기에서는 고국에 남겨진 가족이 이것에 해당한다고 볼 수 있다. 압도적으로 미혼자가 많았던 그들에게 특히 부모, 그중에서 도 어머니가 이에 해당되었다."[24] 부모나 형제, 근친이나 친구 등 일정기간 생활을 함께하고 어느 정도 친숙했던 사람들, "생사의 경 계를 두고도 여전히 함께 가는 존재"[25]가 생과 사의 호송대이다. 생 과 사의 호송대는 특정 종교에 대한 공통된 신앙이나 선조제사라 는 관념 하에 형성되는 경우도 있다. 또 앞에서 모리오카가 말했던 것처럼, 알기 쉬운 죽음의 의미부여도 이 생과 사의 호송대와 깊은 관련이 있다.

다만 "여기에서 말하는 생과 사의 호송대는 그 자체가 필연적으로 죽음의 의미부여를 생산하는 것은 아니다"라고 말할 수 있겠다. 이 점은 앞에서 봤던 죽음의 호송대와 같다. 생사의 경계를 두거나 두 게 될 호송대에게 죽은 자 쪽에서 산 자가 어떻게 보이는지 알 수 없 고, 또 산 자 쪽에서 죽은 자의 상황을 아는 것도, 어떤 공통된 신앙 을 전제로 하지 않는 한 원칙적으로는 알 수 없다. 다만, 생과 사의 호송대에 있어서 표명되는 것은 "죽더라도 언제든지 곁에 있습니 다", "죽어도 당신 곁으로 돌아와 함께 살아가겠습니다", 또는 "저 세상에서 기다리고 있겠습니다"와 같은 심정이다. 이 책의 맥락에서 볼 때, 이러한 심정은 죽음의 의미부여라기보다 오히려 지금까지 함 께 해 왔던 생의 관계성이 시공을 두고도, 즉 생사의 경계를 두고서 도 여전히 존속해가기를 바라는 비애로 가득 찬 '희망'이다.[26]

6. 닫힌 공동성, 열린 공동성

전몰자들처럼 젊은데 죽음이 눈앞에 바로 들이닥치는 것은 아니라고 하더라도, 사람은 언젠가 자신이나 타자의 죽음에 직면할 수밖에 없다. 그러한 상황에서 생겨나는 인간관계의 두 양상, 즉 죽음의 공동성과 생의 관계성이라는 두 가지 양상에 대한 논의는 지금까지이 책에서 여러 번 언급해왔다. 물론 각각의 이론이나 논의의 맥락에따라 그것에서 말하는 공동성이나 관계성의 내용도 미묘하게 색채를 변화시키는 것이었다.

실제 인간관계에서도 이 양자가 확연히 구별될 수 있는 형태로 존재하는 것은 아니다. 예를 들면, 하나의 집단 속에서 죽음의 공동성경향과 생의 관계성 경향이 대항하고 겹쳐지면서 존재하는 경우도있을 것이다. 오히려 양자의 요소가 혼재하고 있는 상태가 실제 인간관계의 상태(常態)이다. 이러한 관점이라면, 이하에서 다시 정리되는 두 양상 또한 이념형으로 파악되어야 하겠지만, 이들의 개념 정리를 통해서 죽음을 둘러싸고 생겨나는 관계의 형태에 대해 그 규범적측면도 포함하여 검토할 수 있어야 한다.

우선 죽음의 공동성에 대해 돌아보자. 죽음의 공동성은 동일한'죽음의 이야기', 죽음이나 사별을 둘러싼 해석의 도식을 공유하는공동성이었다. 그곳에서 사람들은 공동성에 동화하고 함께 죽음으로 향한다. 이러한 공동성은 단체나 협회 등 조직화된 공동체를 형성한다고 반드시 되는 것이 아니라, 정보공간 상의 유동적인 상상의 공동체 또는 바우만의 말을 빌리자면, 외투 보관실 공동체로도 존재할 수 있다. 얼핏 보면 공동성과 상대적인 것으로 생각되는 개인의 자기결정을 존중하는 듯한 주장도 그 자체로서 하나의 공동성, 이미 살펴봤던 '죽음을 결정하는 공동성'을 생성시킬 수 있다. 이렇게 사람들이 실제로 죽음이나 사별에 직면해서 어떤 형태로 판단을 내리거나 행동을 하는 것은 그것이 개인적이고 사적인 행위로서 이뤄진다고 하더라도, 또 의식하고 있는지 아닌지에 관계없이 결과적으로 일종의 공동성을 생성시킬 수 있는, 또는 그곳에서 어떤 공동성이 선택되는 경우도 있을 수 있다. 그리고 이러한 공동성이 생길 때에는 앞에서 살펴봤던 동화와 배제의 구조, 즉 공유된 '죽음의 이야기'에 따른 '좋은 죽음이나 사별'로 동화하는 힘이 생성됨과 동시에 결과적으로 그것에 따르지 않는 것을 배제하는 힘이 의도와 관계없이 생겨난다.

'죽음의 공동성'과 대비적으로 '생의 공동성'에 대해 생각해보면 어떨까. 물론 죽음과 직접 관계없는 여러 가지 것들을 둘러싸고 신념이나 신조, 취미, 의식을 함께 하는 사람들이 생활 속에서 여러 가지 공동성을 만들어내는 경우가 있다. 이것을 '생의 공동성'이라고 부른다면, 그러한 공동성 속에서 죽음에 임해서 죽음을 향해 형성되는 것은 '죽음의 공동성'이라고 할 수 있을 것이다. 이러한 공동성은 생사의 경계를 넘어서 존재하는 것이라고 생각하는 경우도 있다. 그곳에서는 산 자와 죽은 자를 함께 포함하는 공동성이 형성되고, 그 공동성의 내부에서는 같은 '죽음의 의미부여'가 공유된다. 그러나 동시에 그곳에는 그 의미부여를 공유하지 않는 자를 배제하는 힘이 작용하는, 즉 앞에서 말한 동화와 배제의 구조가 따르게 된다.

공동성에 따른 이 동화와 배제의 구조 방식에 대해 더 생각해보기 위해, 앞에서 살펴봤던 벡의 리스크 인식에 관한 논의를 참고할 수 있겠다. 근년에 벡은 핵이나 환경파괴만이 아니라 BSE(소해면상뇌병증으로 광우병이라고도 함)나 경제위기, 테러리즘 등도 리스크로 파악하고, 리스크 인식의 문제에 대해 논한다.[27] 리스크는 감지하기 어렵고 또 책임 소재를 특정하기도 어렵기 때문에, 원래 리스크가 있는지 없는지 또 있다고 해도 어디에 책임이 있는지와 같은 것 자체가 전문가들 사이에, 더 나아가서 정치적·경제적인 쟁점이 된다. 예를 들면, 환경문제여도 리스크 사회에서는 지극히 사회적인 현상으로서 나타난다. 그리고 리스크의 정의를 둘러싼 사회적인 투쟁 속에서 리스크의 은폐가 이루어지거나 책임회피가 이루어지기도 한다.

또 반대로 리스크의 불투명함에 따른 사람들의 불안감을 이용해서, 리스크 관리를 구실로 사회가 일정 방향으로 크게 움직여버리는 전체주의적인 동향이 나타날 가능성도 있다. 그리고 사람들의 불안감에 대해 구체적인 형상으로 특정한 '희생양'(Scapegoat, 제물인 산양)을 단순화된 적의 이미지로서 제시하고, 같은 적에 대해 함께 싸운다고 하는 호소에 근거하여 지배자가 그 지배력을 강화할 가능성도 있다.

한편, 리스크가 국경이나 세대를 넘어 퍼져간다는 것은 같은 리스크가 특정한 집단이나 국가, 동맹이나 블록의 틀을 넘어 공유되고 있다는 것을 의미한다. 리스크의 공유라는 이 사태는 각각의 이질성을 넘어, 같은 리스크에 대해 협동하여 대처하는 '세계 공공성' 또는

'세계사회'로서의 연계가 형성될 가능성도 숨겨져 있다.[28] 벡은 다음과 같이 말한다.

> 신, 계급, 민족, 정부에 대한 신뢰와 신앙이 눈에 띄게 추락해버린 시대에 인류 공통의 두려움은 새로운 유대를 형성하기 위한 마지막 자원이라는 것이 분명해진다.[29]

이 책의 맥락으로 끌어와서 말하자면, 위와 같은 벡의 논의는 다음과 같이 부연할 수 있을 것이다. 우선 앞에서 본 전체주의적 동향이나 희생양에 대해 말하자면, 그것에서 리스크 또는 리스크의 원인이라고 지적된 것에 대한 적대감을 구심력으로 동질적인 *하나의* 공동성이 형성된다. 자신에게 리스크가 되는 것을 배제함으로써 형성하게 되는 공동성에 대해, 영위하는 그 자체의 정당성이나 보편적 타당성에 기본적으로 의심하지는 않을 것이다. 오히려 리스크에 대한 태도를 후미에(踏み絵, 역자 주: 에도시대 천주교인들을 적발하기 위해 밟고 지나가도록 했던 성모나 예수상이 새겨진 널쪽)로 하여, 많은 사람들을 그것에 동화시키려고 하는 힘이 작용하게 된다. 그런데 이러한 공동성이 아무리 그 규모를 확대한다고 해도, 그것은 외부로부터 자신을 반성적으로 파악하는 관점이 결여되어 있는 이상, '폐쇄된 공동성'이라고 할 수밖에 없다.

반면, '세계 공공성'이나 '세계사회'의 형성이라는 경향으로 말하자면, 거기에는 국가나 민족 등 어느 쪽이든 *복수의* 공동성이 전제된다. 자신의 공동성과는 다른 공동성의 존재 인정이라는 의미에서의 자타의 이질성과 리스크라는 공통의 과제를 앞에 두고서, 각각이 대등하다는 것을 인정한다는 뜻으로서의 자신의 상대성이 여기에서는 전제가 된다. 다만, 자타의 이질성, 자신의 상대성을 인정한 뒤에 그래도 자신의 공동성을 절대시하는 입장이 있을 수도 있다. 이 경우, 앞의 전체주의적 동향이나 희생양의 경우는 자신의 절대화된 공동성을 밖으로 넓히려고 하는 것인데 비해, 오히려 자신의 절대화된 공동성의 내부로 틀어박힌 형태로서의 '폐쇄된 공동성'이 형성된다. 여기에서도 외부의 것에 대해 개의치 않는 자세가 결과적으로는 동화와 배제의 구조를 생성시키게 된다.

벡이 이념으로 거론한 '세계 공공성'이나 '세계사회'에서는 이러한 '폐쇄된 공동성'과 다른 연대의 방식이 제시된다. 거기에는 자타의 이질성, 자신의 상대성을 인정한 뒤에 그래도 공통의 리스크에 대해 협동하여 대치하기 위하여, 서로의 연결을 유지하려고 하는 지향이 존재한다. 벡이 '공공성'이라고 부르는 것은 이러한 각각의 이질적인 공동성이 여전히 '공'(公)을 '공'(共)으로 하는 것을 통해 성립하는 연결이다. 이러한 의미의 공공성으로 전개할 수 있는 공동성을 '열린 공동성'이라고 부르기로 하자. 리스크에 대한 경계심의 원천에는 죽음에 대한 두려움이 있다고 하는 앞에서의 논의를 토대로 말하자면, 죽음으로 향하는 '죽음의 공동성' 또한 이상에서 언급한 것처럼 '폐쇄된 공동성'과 '열린 공동성'이라는 두 가지 성질을 띨 수 있는 것이다.

이 '열린 공동성'이라는 관계 방식을 생각하기 위해서, '관계주의'(Relationismus)라는 고전적 개념을 제창한 사회학자 칼 만하임

(Karl Mannheim)의 말을 참고할 수 있겠다. 관계주의는 '열린 상대주의'라고도 하며, 여기에서 말하는 '열린 공동성'이라는 이념과 공명하는 입장이다. 만하임은 이 관계주의를 따라, 제2차 세계대전을 경험하면서 민주주의의 본질에 대해 논구했다. 전쟁 중인 1943년, BBC라디오에서 방송된 '윤리'라는 학생과의 대담프로그램에서, 만하임은 민주주의의 진리라는 문제에 대해 다음과 같이 말했다.

> 민주주의적인 방법의 기초가 되는 이념이란, 진리는 존재할지라도 누구나 그것을 자신만이 갖고 있는 것처럼 행동해서는 안 된다는 것이다. 민주주의자에게 진리는 독점적인 것으로 있을 수 없다. 진리는 누구나 그것에 공헌하지 않으면 안 되는, 탐구의 과정 그 자체이다. 그대가 그대의 동지들, 그대와 같은 나라의 사람이나 다른 나라의 사람이 진리를 갖고 있는지 어떤지, 미리 알 수는 없다. 물론 그대는 그대의 진리를 믿고 있다. 그러나 그것을 자신만이 가지고 있다고 말할 수는 없다. 그렇기 때문에, 진리를 탐구한다면, 그대에게는 관용의 의무가 있는 것이다.[30]

사후에 출간된 『자유, 권력, 그리고 민주계획』(Freedom, Power and Democratic Planning)에는 민주주의에서의 종교적 진리에 대해 구조적으로는 같은 생각 하에 다음과 같이 기술되어 있다.

> 진리는 하나밖에 존재하지 않는다고 하는 사실, 그리고 그 진리를 자신들이 갖고 있다고 믿는 어떤 집단이 있다면, 그러한 사실이

그 집단에게는 다른 신조를 지닌 신앙자를 박멸할 수 있는 권리가 있다거나 의무만 있다는 것을 뜻하는 것은 아니다. 실제로 진리가 하나밖에 존재하지 않는다면, 그것은 한 사람의 인간이나 한 당파가 파악할 수 있는 이상으로 더 포괄적일 것이다. 이것은 모든 자에게 귀를 기울일 가치가 있다고 하는 것이다. 이렇게 말하는 것도 어느 인간, 어느 집단을 통해 신의 목소리가 들릴 것인가를 말하는 것이 불가능하기 때문이다. 이것은 계획적 자유의 이상에 기초한, 동적으로 계획된 사회와 양립 가능한, 종교적인 통일과 통합의 유일한 양식이다.[31]

자신의 관점을 상대화하면서도, 그렇게 함으로써 타자를 배제하는 쪽으로 향하기도 하거나 타자와는 무관하게 고고한 위치에 서는 것이 아니라, 오히려 타자와의 관계에 열려 있고 타자의 소리에 귀를 기울임으로써 자신의 시야를 확대해가는 것, 즉 '자기 상대화와 자기 확장의 연동'이라고 하는 동적 과정 그 안이기 때문에 (만약 진리라고 하는 것이 존재한다면) 진리는 머문다고 하는 것이 만하임의 시사점이다. 앞에서 언급한 내용 가운데 후자의 인용문에 대해 말하지면, 이렇게 생각할 경우, 각각의 종교적 공동성이 안고 있는 '진리=신=죽음의 이야기'는 상대적인 것으로서 파악할 수밖에 없게 된다. 다만, 그것을 통해 타자와의 관계에 열려 있는 것의 내부에 바로 진리가 머물고, 그것이 또 민주주의와 양립할 수 있는 유일한 진리의 양식이라고 하는 것이 만하임의 생각이다. 앞에서 살펴본 '열린 공동성'이란 이러한 '자기 상대화와 자기 확장의 연동'이라는 동적 과정의 별칭이라고 해도 좋을 것이다.

더 부연하자면, 여기에서 묘사된 것과 같은 '열린 공동성'의 형태는 다음에 말하는 '생의 관계성' 형태에 이미 접근한 것이 된다. '열린 공동성'은 '생의 관계성'에 연접해있고 그것으로 전환될 수 있는 것으로 자리매김하게 된다.

7. '순수한 관계성', 생과 사

이제 '생의 관계성'에 대해 살펴보자. 지금까지 살펴봤던 '죽음의 공동성'은 동일한 '죽음의 이야기', 죽음이나 사별을 둘러싼 해석 도식을 공유한다고 하는 공동성이었다. 그에 비해, '생의 관계성'에서 동일한 '죽음의 이야기', 죽음이나 사별을 둘러싼 해석 도식이 공유되는지에 대한 여부가 불확실하다. 그것에서 '좋은 죽음'의 이미지가 공유되는지 어떤지도 알지 못한다. 이 점을 깊이 생각해보면, 원래 타자의 생각이나 느끼는 점을 그 타자와 같은 관점에서 본다는 것은 불가능하고, 타자와는 엄밀하게 말하자면 아무것도 공유할 수 없다는 것으로 될지 모른다. 그렇더라도 관계성은 존재할 수 있고 실제 존재하고 있다. 거기에서 사람들은 죽음을 앞에 두고 있든 없든 관계성 속에서 함께 산다. 그리고 이번 장의 앞부분에서 엘리아스의 논의를 돌아보면서 말했듯이, 이러한 관계성은 미화하거나 이상화하여 인식되어야 하는 것이 아니다. 죽어가는 자나 사별의 슬픔에 빠진 자, 그리고 죽어버린 자라고 했던, 몸에 죽음의 징조를 띠는 자와의 관계성은 실제로는 충돌로 가득 찬 또는 불안감이나 두려움, 고뇌와 회한에 찬 경우도 적지 않다. 그래도 여전히 사람들의 연결은 존재할 수 있다. 특히 죽음이 상기되지 않는 생의 장면에서, 여러 가지 갈등에도 불구하고 사람들의 관계성이 존립할 수 있는 것과 마찬가지라는 것이다. 뒤르켐이나 엘리아스의 논의에서 언급했던 것처럼, 생의 관계성은 '죽음의 의미부여'를 공유시키는 것은 없어도, 관계성 안에 있는 각자에게 죽음에 이를 때까지의 '살아가는 의미'를 배태한다.

가령, '생의 관계성'과 대비적으로 '사의 관계성'에 대해 생각한다고 하면 어떻게 될까. '사의 관계성'을 '죽은 자'와 '죽은 자'의 관계로서 생각한다면, 그것에 같은 '죽음의 이야기'가 공유되지 않는 이상, 서로 어떤 상태에 있는지 판단할 근거는 없게 된다. 또 '산 자'와 '죽은 자'의 관계에 대해 생각한다고 하더라도 사정은 마찬가지다. 그러나 앞에서 말한 것처럼 같은 것을 '산 자'와 '산 자'의 관계에 대해서는 말할 수 있다. 우리가 타자의 심중을 헤치고 들어가, 타자와 같은 시점에서 상황을 보거나 생각하는 것을 할 수 없는 이상, 타자와 같은 시점에 서서 상황을 이해한다는 것은 엄밀히 말하자면 불가능할 것이다. 그러나 관계는 현실적으로 성립하고 있고 우리는 서로 영향을 미치고 있다. 예를 들어, 아주 오랫동안 만나지 않고 지금 어디에서 무엇을 하고 있는지 모르는 타자라고 해도, 그와의 관계가 지금의 나의 모습에 영향을 주고 있을 수 있다. 한 번 만났을 뿐이고 지금 살아있는지조차 모르는 사람이라도 그 만남이 지금까지 나의 모습에 영향을 미칠 수도 있다. 공동성처럼 상호의 동질성을 전제로 하는 것이 아니라 이렇게 상호의 이질성 혹은 상호의 불가지성을 전제로 하여, 여전히 성립하고 있는 관계를 '생의 관계성'이라고 한다면, 이러한 관계성은 생사의 경계를 두고서도 존속할 수 있는 것이다. 그리고 서로 죽음으로 향한 후에도 존속하기를 바라는 경우, 어떤 경우에는 가능할 것이다.

이러한 '생의 관계성'의 형태를 더욱 특징 짓는데, 기덴스의 '순수한 관계성'(pure relationship)에 관한 논의를 참고할 수 있겠다. 기덴스에 따르면, 근대화가 철저해지면서 사람들의 친밀한 관계성은 순수한 관계성으로서의 그 성격이 강해졌다. 이것에 대해 기덴스는 다음과 같이 말한다.

> 순수한 관계성이란 외적인 기준이 그것에서는 해소되어버리는 관계이다. 순수한 관계성은 해당하는 관계 자체가 주는 보상을 위해서만 존재한다. 순수한 관계성의 맥락에서, 신뢰는 서로 보여주는 과정을 통해서만 얻을 수 있다. 달리 말하자면, 신뢰는 정의상, 관계 그 자체의 외부에 있는 기준 - 혈연, 사회적 책무 또는 전통적 의무 등의 기준 - 에 매이는 일이 없는 것이다.[32]

여기에서 '순수한'이라고 말하는 것은 순결 등의 의미가 아니라, 관계성이 그 외부에 있는 친족 관계, 지역공동체, 종교, 전통 또는 어떠한 사회적 규범이나 사회적 습관 같은 것에 근거하여 성립하는 것이 아니라, 그 자신을 위해 존재한다는 의미에서 그렇다는 것이다. 그러한 관계성에서 상호 신뢰는 주어지는 것이 아니라 관계 속에서 배양되어야 하는 것이 된다. 그리고 그것을 위해서 서로 자신을 열어 보이고 자기나 타자의 모습을 끝없이 모니터링하면서, 자신의 모습과 그것을 통해 관계의 방법을 끊임없이 재귀적으로 형성해갈 필요가 있다. 기든스에 따르면, 이러한 순수한 관계성의 침투는 '사적 생활의 민주화'라고 할 수 있고, 더 공적인 차원에서의 사회생활의 민주화 기반이 되는 것으로서 긍정되어야 하는 것이 된다.[33]

'생의 관계성' 또한 기든스가 말하는 '순수한 관계성'의 몇 가지 특징을 공유하는 것이라고 할 수 있겠다. 우선, '생의 관계성'은 공유된 '죽음의 이야기'라는 관계 자체의 외부에 있는 기준에 의거하는 것이 아니었다. 이 점에서 그것은 '죽음의 공동성'과 다르다. '생의 관계성'은 관계성 그 자체로서 존립한다. 그리고 '생의 관계성'에 있어서 여러 개인은 죽음에 즈음해서 대등한 관계에 있다. 분명히 죽음에 관한 전문적 식견이나 기능, 경험에 있어서 여러 개인 간에 차이가 있을 수는 있다. 그러나 그러한 전문적 식견이나 경험은 어디까지나 관계성을 형성해나가기 위한 하나의 도구로서 상황에 따라 사용되는 것이고, 그것을 가지고 죽음을 앞에 두고서 상하·우열의 관계가 생겨나도록 하는 것은 아니다. 죽음에 즈음해서 '생의 관계성'은 주어진 상황이나 서로의 상태를 고려하면서 끊임없이 재귀적으로 다시 형성해야 하는 것이다. 역으로 말하자면, 그것은 고정된 어떠한 패턴이나 루틴에 맞춰 정형되어야 하는 것이 아니다. 그러한 패턴이나 루틴이 사용되는 일이 있다고 하더라도 그것은 관계성을 재귀적으로 형성해갈 때, 하나의 도구로서 고려되는 것에 지나지 않는다.

기덴스는 또 다음과 같이 말한다. 순수한 관계성은 그것이 외적 기준에 근거하는 것이 아니라, 관계와 관련된 여러 개인의 관계성으로의 '참여'(commitment, 자기투입)에 의거하는 것이기 때문에, 역으로 말하자면 "순수한 관계성을 보여주는 특징의 하나는 어느 시점에서도 어느 한 편이 생각하는 거의 그대로 관계를 끝낼 수 있다는 점에 있다."[34] '생의 관계성'에 대해서도 죽음을 앞에 두고서 마찬가지 일이 일어난다. 죽음에 즈음해서 '생의 관계성'을 이렇게 절단해 버리는 것이야말로 앞의 장에서 말했던 '죽음의 터부화'를 때로는 가져오는 것과 다르지 않은 것이다.

이 책에서 언급하기도 했던 것은 죽음에 즈음해서도 이 '생의 관계성'에 열려 있다고 하는 것의 중요성이다. 그것은 '죽음의 이야기'를 공유할 수 있는지에 대한 여부가 불확정적이라고 하는 것과 같은, 더 나아가 공유할 것이 없는 타자와의 사이에 그래도 여전히 존재할 수 있는 관계성을 기피하여 폐쇄하지는 않는다는 것이다. 그리고 여기에서 확인해둘 점은 그러한 생의 관계성에 있어서 단순히 서로 준거하는 '죽음의 이야기'의 이질성이 승인되는 것만은 아니라는 것이다. 그것은 서로의 이질성을 서로 승인함으로써 자신의 시야를 상대화함과 동시에 관계성을 통해 그 시야를 변용·확장시켜 나아갈 가능성까지도 서로 부정하지 않는다는 것이다. '살아가는 의미'란 결국 그러한 행위 자체인지도 모른다. 그리고 이러한 생의 관계성이 죽음의 공동성으로 인해 형성되는 경계를 끊임없이 넘어 연쇄적으로 나아감으로써 공동성이 생겨나는 동화와 배제의 힘을 사라져버리게 하는 것 또한 불가능한 것은 아닐 것이다.

[주]————————————

1 フィリップ アリエス, 『死を前にした人間』, 23-77쪽.

2 フィリップ アリエス, 『図説・死の文化史ー人は死をどのように生きたか』, 福井憲彦 訳, 日本エディタースクール出版部, 1990(原著 1983), 303쪽.

3 フィリップ アリエス, 『死を前にした人間』, 289쪽.

4 ウルリヒ ベック, 『(叢書・ウニベルシタス)危険社会ー新しい近代への道』, 東廉・伊藤 美登里訳, 法政大学出版局, 1998(原著 1986).

5 Ulrich Beck, "Risk Society," in George Ritzer(ed.), *Encyclopedia of Social Theory,* Vol.2, Sage, 2005, p. 649.

6 アンソニー ギデンズ, 『モダニティと自己アイデンティティ』, 188-189, 209-210, 228-231쪽.

7 日本尊厳死協会, 「リビング・ウィル(존엄사의 선언서)」에는 "제가 몇 개월 이상, 소위 식물인간 상태에 있게 될 때는 일체의 생명유지 조치를 중지해주기 바랍니다." 라고 되어 있다. 치매상태에서의 안락사는 물론 사회적으로 승인되어 있지 않지만, 존엄사협회 회원들 사이에는 이것을 요구하는 소리가 꾸준히 있다.

8 エリザベス キューブラー・ロス, 『死ぬ瞬間』.

9 コリン M. パークス, 『死別(改訂)』, 13-15쪽.

10 コリン M. パークス, 『死別(改訂)』, 13-15쪽.

11 David Wendell Moller, *Confronting Death: Values, Institution, and Human Mortality,* Oxford University Press, 1996, p. 47.

12 Kathy Charmaz, *The Social Construction of Death,* Random House, 1980, pp. 148-155.

13 Walter, *The Revival of Death,* pp. 69-85.

14 Moller, *op.cit.,* pp. 47-61.

15 井上俊, 『死にがいの喪失』, 筑摩書房, 1973, 5-24쪽.

16 森岡清美, 『決死の世代と遺書ー太平洋戦争末期の若者の生と死(補訂版)』, 吉川弘文館, 1993. 다음 문헌도 참조 바람. 森岡清美, 『若き特攻隊員と太平洋戦争ーその手記と群像』, 吉川弘文館, 1995; 森岡清美, 「死のコンボイ世代の戦後」, 『社会学評論』, 第四十一卷第一号, 1990, 2-11쪽.

17 森岡清美, 『若き特攻隊員と太平洋戦争』, 290-293쪽. 이런 말이 가리키는 내용을 젊은 전몰자들은 정말로 믿고 있었는가 하는 문제가 있다. 이것에 대해서는 물론 개인차가 있고, 개인의 내면에 관한 일이기 때문에 확신할 수 없다. 이 점에 대해서 모리오카는 다음과 같이 언급하고 있다. "자주 얘기되듯이, 이러한 개념을 사용했다고 해서 반드시 그에 포함되어 있는 신념을 받아들인 것이 아니고, 단지 유행의 수사학으로 자신의 장도를 포장한 것에 불과했을지도 모르지만, 이러한 해석이 전제하는 '본심인가 겉으로만인가'라는 차원과는 다른 차원으로, 이러한 개념이 진지하게 사용되었다고 볼 수 있는 부분도 있다. 만약 '겉으로만'이라는 말에 집착한다면, '내면화된 구실(建前)'이라고도 하지 않으면 안 된다."(290쪽)

18 森岡清美, 『決死の世代と遺書(補訂版)』, 87, 280쪽. 참고로 모리오카에 따르면, 많은 경우, 공식적인 조직, 예를 들어 같은 부대의 동지가 죽음의 호송대를 했다고 해도, 기본적으로는 호송대는 당사자들을 중심으로 한다기보다 주관적인 것, 주관적으로 느껴지는 비공식적인 것이었다(27-91쪽).

19 같은 책, 95쪽.

20 森岡清美, 『若き特攻隊員と太平洋戦争』, 288쪽.

21 森岡清美, 『決死の世代と遺書(補訂版)』, 143쪽.

22 같은 책, 145쪽.

23 같은 책, 147쪽.

24 같은 책, 183쪽.

25 같은 책, 28쪽.

26 모리오카는 자신과 같은 세대인 특공대의 전사(戰死)를 '개죽음'으로 몰지 않기 위해서, 무엇을 할 수 있을까 묻는다. 예를 들면, 그들은 '평화의 초석'이 되었다는 말이 있다. 모리오카의 말에 따르면, 그들의 희생은 불가결한 것이었다고 할 수 없고, 이러한 어투는 일시적인 위안에 불과할 뿐이다. 오히려 특공의 진실된 모습을 전하는 것이야말로 해야 할 일이라고 말한다. 그리고 "그것은 희생을 찬미한다기보다 기억하기 위해서이다."(『若き特攻隊員と太平洋戦争』, 301-307) 본서의 맥락에서 보면, 이것은 '죽음의 공동성'에 목숨을 바친 자로서 그들을 '찬미'하는 것이 아니라, '생의 관계성'을 산 자로서 그들을 '기억'하기 위해서라고 바꿔 말할 수 있을 것이다.

27 ウルリヒ ベック, 『危険社会』, 23-134쪽; Beck, op. cit., pp. 648-650.

28 ウルリヒ ベック, 『世界リスク社会論―テロ、戦争、自然破壊』, 島村堅一訳, 平凡社, 2003(原著 1997, 2002), 65-132쪽.

29 Beck, op. cit., pp. 649-650.

30 Karl Mannheim, Talks for Sixth Forms: Ethics 9, 1943, BBC Written Archives Centre, Reading. 참고로 이 대담프로그램에 대해서는 다음 참조. 澤田敦, 「マンハイムとラジオ―BBC放送における連続講義、「倫理」および「社会学とは何か」」, 『法学研究』, 第七十七巻第十一号, 慶応義塾大学法学研究会, 2004, 1-37쪽.

31 カール マンハイム, 『自由・権力・民主的計画』, 池田秀男訳, 未来社, 1971(原著 1951), 471-482쪽. 만하임의 사회학에 대해서는 다음 참조. 澤田敦, 『(シリーズ世界の社会学・日本の社会学)カール・マンハイム―時代を診断する亡命者』, 東信堂, 2004.

32 アンソニー ギデンズ, 『モダニティと自己アイデンティティ』, 7쪽. 다음 책도 참조 바람. アンソニー ギデンズ, 『近代とはいかなる時代か?―モダニティの帰結』, 松尾精文・小幡正敏訳, 而立書房, 1993(原著 1990), 127-155쪽.

33 アンソニー ギデンズ, 『親密生の変容―近代社会におけるセクシュアリティ、愛情、エロティシズム』, 松尾精文・松川昭子訳, 而立書房, 1995(原著 1992), 271-299쪽.

34 같은 책, 204-205쪽.

죽음과 사별의 사회학

• • •

죽음에 대해 논한다는 것은 어렵다. 죽음에 대해 활발하게 그리고 *생생하게* 논의할수록 죽음 자체가 논자에게서 멀어져가는 아이러니한 생각마저 들 수 있을 것이다. 특정한 종교 신앙을 전제로 하지 않는 경우, 죽음은 철저히 알 수 없는 것이며 이해하기 어려운 것으로 있게 된다. 죽음을 둘러싼 구체적인 문제로 한정하더라도 이러한 불가지와 이해불가는 따라온다. 조금 관점을 바꿔서, 이러한 불가지와 이해불가가 사람들 사이에 또는 사회에서 어떻게 받아들여지고 처리되고 있는가 하는 시선은 존재할 수 있을 것이다. '죽음의 사회학'이라는 영역에서는 여러 가지 차원에서 다양한 주제에 관한 연구가 이루어지고 있는데, 그 기저에 공유되고 있는 것도 이러한 시선이라고 생각한다. 이 책 또한 이러한 시선을 공유하면서 지금까지 별로 시도되지 않았던 논의 방법으로 그 물음에 접근하고자 하였다.

'시작하며'에서도 말했듯이, 여러 가지 사회이론에서 '죽음의 사회학'을 둘러싼 관점이나 지식을 끌어내어 그것들을 재구성함으로써, 죽음이나 사별이라는 주변에서 가까이 일어나는 일을 근·현대사회의 전체적 동향이라는 맥락 속에서 다시 보고자 한 것이 이 책의 취지였다. 이 작업이 각각의 사회이론이나 여러 논의가 갖는 여러 가능성을 결과적으로 한정시켜버리는 형태로 보여주지는 않았는지 모르겠다. 이 책에서는 '시작하며'에서 말했던 것처럼, 지도나 겨냥도를 그리는 작업을 최우선 목적으로 하였다. 개개의 이론이나 논의, 구체적인 논점에 관한 검토는 필자의 이후 과제에서 다루고자 한다. 독자들에게는 각각의 사회이론이나 여러 논의와 직접 대면해볼 것을 권한다. 그것에는 읽는 사람의 관심에 따라 또 다양한 해석의 가능성이 열릴 것이다.

지금은 '시작하며'에서 말했던 것처럼, 여러 가지 체험이나 문제에 직면하고 있는 독자들에게 이 책이 지금까지와는 다른 새로운 시야를 열게 하고, 개방감이라고 할 수 있는 그러한 느낌을 조금이라도 가져온다면 필자로서는 다행이라고 생각한다.

이 책에서 각 장의 토대가 되었던 기존의 논문은 다음과 같다. 제5장과 제7장의 경우는 대폭 수정하였고, 제3장과 제6장의 경우에도 약간의 수정이 이뤄졌다.

第3장 「閉ざされた人間」の死ーノルベルト・エリアスの「死の社会学」を題材として」, 『三田社会学』, 創刊号, 慶応義塾大学三田社会学会, 1993년, 37-51쪽.

第5장 「社会的死と法」, 『死そして生の法社会学』, 第六十二号, 日本法社会学会, 2005, 110-122쪽.

第6장 「「死のタブー化」再考」, 『社会学評論』, 第五十三巻第一号, 日本社会学会, 2002, 118-134쪽.

제7장 「「死の共同性」をめぐって—社会学的観点より」, 『社会学論叢』, 第百二十八号, 日本大学社会学会, 1997, 17-29쪽.

이 책을 집필하게 된 계기는 세이큐샤(靑弓社)의 야노 케이지(矢野惠二) 선생님이 필자가 썼던 어떤 논문을 바탕으로 책을 만들어보자는 아이디어를 제안한 데 있다. 그 아이디어는 이 책과는 다른 별도의 것이었지만, 필자가 그 아이디어에 역제안한 것에 야노 선생님이 흔쾌히 응해주셨다. 마음에 새기며 깊은 감사를 드린다. 또 편집을 담당해주신 야노 미치오(矢野未知生) 선생님에게도 감사드린다. 그의 생생한 논평에 크게 자극을 받기도 하였다.

마지막으로 필자에게 이 책을 쓸 힘을 주신 아키모토 리츠오(秋元律郎) 은사님께 깊은 감사를 드리며, 둘째 딸 사와이 미오(澤井美緒)에게도 고마움을 전하고 싶다.

2005년 9월
사와이 아츠시

죽음과 사별의 사회학

● ● ●

죽음을 주제로 한 책들이 서점의 인문·사회과학이나 교양 코너의 일부를 차지하고 있는 것도 이제는 그리 낯설지 않다. 서가에 꽂혀 있는 생사학 관련 책들을 보면, 대부분 죽음에 대한 성찰과 함께 개인의 경험, 장례 등을 기술하고 있다. 그 내용을 보면, 때로는 격렬하게 때로는 담담하게 마치 유채화나 수채화를 보는 듯한 느낌을 받을 때도 있다.

죽음은 생명의 양면이라는 점에서 죽음에 대한 이해에는 종교와 철학, 문학 등 인문학적 관점뿐만 아니라 의학, 심리학, 사회학 등 다양한 학문의 관점과 이론이 요구된다. 이 책은 근대사회나 현대사회의 맥락이라는 점에서 죽음과 사별의 경험을 검토한다. 저자는 이러한 내용들을 사회학의 이론을 통해 위치 짓고, 그 과정에서 어떤 관점들이 논의되고 작용하고 있는지를 살펴보려고 한다. 이러한 저자의 관점이 '죽음의 사회학'이라는 제목으로 표현되고 있다. 저자가 그려보려는 '지도 또는 겨냥도'는 사회이론을 통해 죽음과 사별에 대해 어떻게 접근하고 이해할 수 있는지를 검토하기 위한 것이다. 독자들이 지도를 통해 자신의 위치와 목적하는 장소를 파악하듯이, 그의 의도는 이 책을 통해 우리가 경험해왔고 경험하고 있는 죽음이나 사별의 경험을 보다 넓은 시야에서 바라볼 수 있도록 하는 데 있다.

죽음은 본질적으로 사적인 문제로 인식될 수밖에 없겠지만, 저자는 이것을 단지 개인의 문제와 상황으로 처리하지 않고 사회, 더 구체적으로는 근·현대사회의 맥락에서 파악하고자 한다. 여기에서 그는 사회학자로서, 일본의 사회적 동향을 검토한다. 2000년대에 들어서면서 하나의 사회현상으로 나타난 '종활'(終活, 슈카쓰)로 대변되는 '자신다운' 죽음을 거론하기도 한다. 죽음의 문제가 사회적 맥락과 자기결정의 사고방식에서 논의되기도 하지만, 그의 논지를 따르다 보면, 결국 우리의 관계성이나 공동성으로 귀결하고 있음을 알수 있다.

일본에서 종활은 "임종 과정에서 삶의 마무리를 지으려는 목적으로 이뤄지는 활동"으로 정의할 수 있다. 종활에서 '자신다운 죽음'은 "'보기 흉하고 꼴사나우며 비참한 생물학적 삶'을 살아가는 자신을 죽음으로 폐기함으로써 지키려고 하는 '자신다움'"이라는 인식이 강하다. 죽음을 통해 지킨다는 '자신다움'에는 임종의 과정이 부정적이고 그 처리 과정은 남에게 미뤄지는 '귀찮고 폐를 끼치는 일'이라는 인식이 자리 잡게 된다. 이러한 죽음을 '존엄사'라는 용어로 표현할 때, 자칫 죽음에 이르는 노화 역시 부정적인 것으로 잘못 인식될 가능성이 있고, 생명 존엄의 절대성 역시 부정될 위험성에 처하게 된다. 이러한 죽음에 대한 인식은 생사학의 죽음에 대한 인식, 즉 죽음은 부정적인 것이 아니며, 오히려 죽음을 수용함으로써 삶을 위한 방향과 의미를 다시 설정할 수 있다는 태도와 상당한 거리감을 느끼게 한다(관련 내용은 역자의 「일본의 종활(終活)에 대한 생사학적 관점」(2018) 논문 참조).

죽음에 대한 논점과 다양한 내용을 사회이론이라는 틀을 통해 소개할 경우, 어쩌면 사회이론을 제한적으로 다루게 되지는 않을까 하는 문제 제기가 이뤄질 수 있다. 저자 역시 이러한 점을 우려하고 있지만, 그럼에도 불구하고 근·현대사회라고 하는 맥락과 흐름에서 죽음과 사별의 방식을 검토하고 있다는 점에서 충분히 주목할 필요가 있다. 우리의 경우 역시 죽음의 문제는 어떤 형태로든 이러한 사회적 맥락과 연결되어 있다는 점에서 근본적으로 재검토할 필요가 있기 때문이다.

2022년 5월의 마지막 날에
양정연

죽음과 사별의 사회학

저자 소개

사와이 아츠시(澤井敦)

1962년 생,
게이오대학 문학부 사회·심리·교육학과 졸업.
게이오대학 사회학연구과 사회학 석사·박사(사회학 전공)
게이오대학 법학부 교수.
전공은 사회이론, 사회학사, 죽음의 사회학이며, 사회이론의 역사적 전
개와 현대사회의 불안감 의미 등을 연구주제로 하고 있다.

• 논문 및 저서: 「「情報としての死」の変容ー死の社会学の観点より」(2020),
「アンソニー・ギデンズの社会理論における不安とリスク」(2017), "The
development of aged care robots in Japan as a varied process"(2020),
『カール・マンハイムー時代を診断する亡命者』(東信堂), 『子ども論を読む』
(世界思想社), 『現代社会と人間』(学文社), 『現代社会理論と情報』(福村出版)
외 다수

역자 소개

양정연

서울대 종교학과 졸업, 동국대 불교학과 박사.
한림대 생사학연구소 HK교수, 생명교육융합과정(대학원) 교수로 재직
하고 있다. 불교교학(티벳불교, 중국불교)을 전공하였으며 생사학 연구
를 수행하고 있다.

• 논문 및 저서: 「현대 생사학을 위한 불교 생사관의 제언」, 「근대시기
'종교' 인식과 한국불교의 정체성 논의」, 「람림(Lam rim)에서의 죽음
억념과 수행」, 「타이완 〈安寧緩和醫療條例〉 법제화의 시사점」, 「행복
과학에 대한 불교적 성찰」, 『대승 보살계의 사상과 실천』, 『가치있는
삶과 좋은 죽음』, 『(한 권으로 보는) 세계불교사』, 『죽음의 성스러운
기술』(역서), 『현대 생사학 개론』, 『자살대책의 이론과 실제』 외 다수.

생사학총서 8

죽음과 사별의 사회학
사회이론을 통한 접근

초 판 인 쇄	2022년 05월 20일
초 판 발 행	2022년 05월 30일

지 은 이	사와이 아츠시(澤井敦)
옮 긴 이	양정연
발 행 인	윤석현
발 행 처	박문사
책 임 편 집	최인노
등 록 번 호	제2009-11호

우 편 주 소	서울시 도봉구 우이천로 353
대 표 전 화	02) 992 / 3253
전 송	02) 991 / 1285
홈 페 이 지	http://www.jncbms.co.kr
전 자 우 편	bakmunsa@hanmail.net

ⓒ 한림대학교 생사학연구소 2022 Printed in KOREA.

ISBN 979-11-92365-09-1   93100   정가 15,000원